고요, 그 후

아직 남은 그리움을 위하여

최원현 수필집

고요, 그 후

2022년 12월 12일 초판 1쇄 발행

지은이 최원현 ｜ 펴낸이 김은영 ｜ 펴낸곳 북 나비
출판신고 2007년 11월 19일 제380-2007-00056호
주소 04992 서울시 광진구 자양로9길 32 4층(자양동)
전화 (02)903-7404, 팩스 02-6280-7442
표지 본문 이미지 gettyimagesbank
booknavi@hanmail.net
블로그 blog.naver.com/booknavi

ⓒ 최원현 2022
ISBN 979-11-6011-102-6 03810

※ 이 책의 저작권은 저자에게 있으며 출판권은 북나비에 있습니다.
※ 이 책의 전부 또는 일부를 이용하시려면 저작권자와 북나비의 동의를
  받아야 합니다.
※ 책값은 뒤표지에 있습니다. 잘못된 책은 바꾸어 드립니다.

최원현의 작으나 소중한 삶과 문학 이야기

고요, 그 후
아직 남은 그리움을 위하여

최원현 수필집

머리말

마음의 다락방 문을 열며

―고요, 그 후

　내 작은 꿈 중 하나는 다락이 있는 집을 갖는 거였다. 갖가지 동화같은 꿈이 일어나고 살아날 것 같은 작은 공간, 그런 공간을 갖고 싶었다. 한때 복층 원룸을 가져본 적도 있지만 그건 내가 생각하는 그런 다락방은 아녔다. 하늘로 작은 창이 나 있고 그 창만 열면 바로 맨 하늘을 볼 수 있는 곳, 완전히 일어서진 못해도 조금만 머리를 숙이면 활동에 큰 지장은 없는 높이, 음악을 듣고 글도 쓸 수 있는 비밀의 집 같은 작은 공간으로의 다락방이 내게 꿈이었다. 그런데 요즘 들어 정작 내 마음에 그런 작은 공간이라도 갖고 있는지 의문스러워졌다. 좀처럼 내 마음에 공간을 허락지 않았다는 생각이 들기 때문이다. 그건 어쩌면 나라는 배의 균형을 맞추는 안전수인 평형수를 거부하는 것이 아녔을까 싶기도 하다. 전혀 공간이 없다는 것은 무게중심이 맞지 못하면

좌초되거나 침몰할 수 있다는 말도 된다.

젊은 날 공릉동에 살 때 겨울에 어렵게 상계동행 버스에 올라타면 오른팔은 남의 어깨에 눌리고 왼팔은 또 다른 사람 몸에 끼이는 이상한 자세가 되곤 했다. 그건 나만이 아니었다. 순간 사람들은 이구동성으로 운전기사에게 "차 좀 흔들어요" 했다. 그러면 기사는 갑자기 차를 오른쪽으로 확 틀었다 왼쪽으로 휙 트는 그런 액션을 취했는데 그러면 사람들은 자기 팔과 다리를 제대로 가져갈 수 있었다. 숨 쉴 공간도 생겨났다. 신기했다. 공간이란 때로 없는 것 같아도 전체를 흔들면 틈이 생기는 것이었다.

어쩌면 마음의 다락방도 그런 틈일지 모른다. 실내는 실내이면서 문을 달아 외부와 소통하는 것 그리고 그 문을 열면 안이면서 밖이 되는 것, 난 그런 것을 원했는지 모른다. 소통은 그대와 나의 이어짐이 아닌가.

다시 책을 묶는다. 그간 청탁을 받아 숙제로 해야만 했던 전혀 여유롭지 못한 글쓰기들이다. 그런데 그런 글이면서도 이맘쯤 내 삶의 소통구로 다락방의 문을 내보고자 한다. 숨구멍이란 결국 생명의 틈인데 왜 그걸 모른 체하며 산 것일까. 쉬어 가면서 하라고, 뒤도 돌아보면서 살라고, 옆도 좀 보면서 가라고, 늘 내가 그렇게 말을 했으면서도 정작 나는 그러지 않는 아니 그러지 못한 나는 뭔가. 해서 빨간색 신호등이 때로 축복이라고도 말한다. 흐름이 잠시 막히는 것, 그때 비로소 보아지고 보여지는 나, 내 옆과 뒤와 나아갈 저 앞까지.

  일흔을 넘긴 내 삶에서 나의 길은 얼마나 더 계속될지 모른다. 왜 바쁜지도 모르고 왜 바빠야 하는지도 모르게 사는 내 일상에 스스로 빨간색 신호등을 켜본다. 그리고 맨날 그 길로 다니면서도 보지 못했던 건너편 집 난간에 놓여있는 작은 화분에 무엇이 심겨 있는지도 궁금해한다. 마음의 여유, 내 시간의 공간을 위해 내 마음의 다락방 문부터 열고 싶다. 채 느껴보지 못한 시원한 바람이 들어올 것 같다.

                                            2022년 12월

                                                 최원현

차례

머리말 | 마음의 다락방 문을 열며 … 5
여적(餘滴) | 고요 그 후의 울림과 떨림 … 271

1. 어떤 부러움

결 … 16
그리움의 소리 … 20
눈이 부시게 … 23
내가 낯설다 … 29
어떤 부러움 … 34
'첫'과 '새'를 생각하다 … 39
겨울 부채 … 44
고요, 그 후 … 49
어떤 입양 … 52

2. 뒹굴다 보니

산다는 것은 … 60
뒹굴다 보니 … 64
아·프·다 … 69
애인을 찾습니다 … 74
못 생겨도 맛은 좋아 … 80
일상(日常) … 85
가벼운 만큼 맑아지게 … 89
첫+사랑 … 95
화혜(靴鞋) … 99
끝내다 … 105

3. 지구의 숨비소리

바람의 성 … 110
아직도 남은 그리움을 위하여 … 115
장모님의 흔들의자 … 121
파카 만년필 잘 쓰고 있습니다 … 128
닦아야만 빛나는 것 … 133
만 원짜리 웃음 … 138
지구의 숨비소리 … 143
금줄(禁-) … 148
아 옛날이여! … 153
독도를 가슴에 안고 … 158

4. 별을 보고 싶다

마음 그리기 … 164

별을 보고 싶다 … 170

만년필 … 175

우리를 슬프게 하는 것들 … 179

사소함에 대하여 … 185

밤[栗]을 먹으며 … 192

버림의 미학(美學) … 197

허상의 대금소리 … 203

거룩하고 아름다운 합주(合奏) … 210

한계와 희망 … 213

5. 이 또한 지나가리라

공감 ··· 220
이 또한 지나가리라 ··· 223
미스 트롯과 수필문학 ··· 228
다시 편지를 쓰고 싶다 ··· 234
미안해 보단 고마워 ··· 240
의느님 ··· 245
그때 그분들을 생각하며 ··· 252
우리 시대의 시작인가 끝인가 ··· 256
할애비가 시룽시룽 ··· 261
자랑스런 수필(SUPIL)의 시대를 위하여 ··· 265

고요, 그 후

아직 남은 그리움을 위하여

1.
어떤 부러움

부러움도 꿈과 같을 수 있다. 꿈을 다 이룰 수는 없겠지만 그 꿈을 목표로 쉬지 않고 나아가는 모습이야말로 아름다운 것이고 또 내가 아닌 다른 사람이 이뤄놓은 것을 바라보며 꿈을 가져보는 것도 의미 있는 일이다. 그의 행적에 부러움을 가지며 나도 그렇게 되고파 오늘을 더 열심히 살아야겠다는 도전을 받게 된다.

결

목각 자동차를 찬찬히 들여다본다. 물결무늬의 결이 등을 타고 내려와 있다. 그 짧은 길이에서도 한 번 휘어지며 다시 내려온 것이 참으로 신기하다.

이게 내 집에 있게 된 것만도 35년이다. 아들아이가 네 살 때였던가. 유난히 차를 좋아하는 아이에게 자동차회사 부사장으로 있던 아이의 큰아빠가 독일 출장길에서 사다 준 것이다. 아이는 그걸 손에 들고 놀고 입으로 빨기도 하며 아주 잘 갖고 놀았다. 그런데 조금 크면서부터 다른 것으로 눈이 가더니 찾는 횟수가 줄어들고, 결혼하여 미국으로 가버리자 버려져 내 소유가 되었다. 두 아이의 아빠가 되어 다시 돌아온 지금엔 가끔 그 아들의 아이들이 갖고 놀긴 하지만 여자애들이어서인지 제 아빠 같진 않다.

35년이란 세월의 때가 묻었을 목각 자동차를 오늘은 비누칠을 해서 깨끗이 씻었다. 그런데 물에 불리니 뭔가 벗겨진다. 윤이 나라고 겉에 칠을 했었나 보다. 오랜 세월 후라 그 칠도 힘이 약해졌는지 물에 불리니 금방 벗겨져 내린다. 한데 칠이 벗겨지니 나무 본래의 결이 나타난다.

곱다. 나무의 어느 부위로 만들어진 것일까. 물결처럼 이리 쏠리고 저리 쏠린 결 무늬, 차의 형태를 따라 무늬도 길게 흘러가고 있다. 바퀴의 결은 가로로 질서정연하게 그린 듯 나 있고 몸통은 시냇물 흘러가듯 물결 져 있다. 결을 따라 손가락으로 만져보니 눈으로 보지 않아도 알 수 있을 만큼 손으로도 흐름이 느껴진다.

세상의 모든 것엔 다 결이 있지 않을까. 할머니의 손에서 느껴지던 삶의 결, 손주 녀석의 손에서 느껴지는 보드라운 감촉도 그렇고 매일 입는 옷이며 양말에도 다 나름의 결이 있는 것 같다. 어떻게 보면 어린 날의 추억이며 지난 삶의 기억들도 결이랄 수 있지 않을까. 그리고 보면 내가 목각 자동차를 씻은 것은 큰 잘못일 수도 있겠다. 삼십오 년 추억도 결을 이루었을 텐데 깨끗하게 한답시고 그걸 벗겨내 버렸으니 말이다. 하지만 한 편 생각하면 본연의 나뭇결을 찾아준 셈이기도 하다.

아침에 집을 나서는 아내의 손을 잡아주다가 깜짝 놀랐다. 내 손도 많이 거칠어졌지만 여자인 아내의 손바닥이 나보다 훨씬 거칠다. 그만큼 나보다 험하고 힘들게 살았다는 증거가 아닌가. 미안하고 안쓰럽다. 전엔 그런 생각조차 안 했었는데 요즘 들어 이런 생각이 드는 것도 내 마음의 세월 물결일까 싶기도 하다.

목각 자동차의 등을 쓰다듬으니 물결무늬 같은 목리(木理)가 손끝에 닿는다. 삼십오 년을 숨어있다 나타난 결이다. 그래선지 보기는 반지르르해 보여도 손끝에 와닿는 느낌은 사뭇 다르다. 결이란 살았음과 살아있음의 표가 아닌가. 숨결, 살결, 마음결 같은 것은 말할 것도 없고 나무의 결이나 돌의 결도 그의 존재감을 나타내는 것 아닌가.

젊은 시절 석(石)공예가인 교회 집사님을 따라 그의 작업장에 가본 적이 있다. 집채만 한 큰 바위를 요리조리 만지며 살피더니 작은 정으로 몇 군데 톡톡 홈을 내었다. 그리고 동료들을 부르더니 여럿이 한꺼번에 그 홈마다에 정을 대고 신호에 맞춰 동시에 망치를 내리치니 그 어마어마한 바위가 힘없이 쫙 갈라져 버렸다. 결을 정확히 찾아 어떤 모양으로 쓸 것인지를 계산하고 결 따라 힘을 가하면 그렇게 갈라진다고 했다. 결은 바위를 지탱하는 힘이었지만 사람의 급소처럼 치명적인 부분이기도 했다. 해서 결은 생명이다.

요즘 들어 깜박깜박 잊기를 잘한다. 금방 말을 해놓고 잊어버리기도 한다. 어제 들은 얘기가 까마득하게 잊힌 일이 되기도 한다. 하지만 세월이 갈수록 더 짙게 남아있는 기억도 있다. 기억에도 없는 아버지와 어머니 모습은 갈수록 형체를 분명히 한다. 이 또한 세월의 결일 텐데 더 짙어지고 분명해진다니 신기하기만 하다. 그렇고 보면 웬만한 모든 것이 흐려지고 옅어져 가지만 가장 어렸을 때의 기억이 될 첫 기억들은 하얀 종이 위에 그려진 그림처럼 지워지지도 희미해지지도 않는가 보다. 살아가는 시간의 나이테 또한 결일 텐데 말이다.

아내에게 목각 자동차를 주어봤다. 아내는 아이의 그 무렵 삶을 지금인 것처럼 얘기한다. 아빠와 엄마의 차이인 것 같다. 하지만 목각 자동차를 쥔 아내의 손에 자꾸 눈이 간다. 아침에 느꼈던 세월의 결이 마음속 주름으로도 다가와서다. 미안함과 안타까움으로 아내를 쳐다보니 그 눈가에도 짙은 주름이 앉아있다. 그와 내가 함께 해서 만들어진 결이다. 나를 보는 아내도 그리 생각할 것이다. 목각 자동차를 책장 맨 위에 올려놓느라 깨끼발을 하며 용을 쓰다 보니 헉 숨이 차다. 이것도 삶의 결일까.

−월간 『수필과비평』 2019년 4월호

그리움의 소리

　선생님 다시 새해를 맞습니다. 그것도 오래 전 우리가 공상과학소설이나 만화에서 미래 시대로 얘기하던 그 2020년입니다.
　1900년대를 마감하면서 우리는 뉴밀레니엄 시대에 대한 희망과 불안으로 얼마나 두렵고 떨리는 마음을 가졌던가요. 1900이라는 숫자에 맞춰졌던 기계문명의 체제가 2000으로 변하게 되면서 맞게 된 불안은 우리 같은 보통 사람은 짐작도 못 할 큰일들이었지요. 그렇게 2000년을 맞았던 우리였는데 어느새 2010년대를 거쳐 2020년대를 맞습니다.
　수많은 변화의 물결 속에 우리는 일엽편주 같은 너무나 작은 존재로 까딱대면서 자리를 잡기에 얼마나 힘이 들었던가요. 그렇게 시간이 흘렀고 그 속의 우리는 거기 적응키 위해 부단히도 노력을 했던 것 같습니다.

어쩌면 저희에겐 2020년대가 마지막 시대가 될지도 모르겠습니다. 수명이 현저히 늘어났다 해도 각자에게 주어진 수명이란 결코 평균치는 아닐 테니까요. 올해는 해서 더욱 소중하고 기대되고 귀한 시작의 해입니다.

저는 2010년대를 마감하는 2019년 12월 31일을 기해 스무 번째 제 이름의 책을 냈습니다. '어떤 숲의 전설'이란 이름으로 조심스레 2010년대를 마감해 봤습니다. 무언가 하나의 마디는 만들어야겠다는 생각이 들었고 2020년대의 시작으로보다는 2010년대의 마무리라 생각했기 때문입니다.

시간도 역사도 전설로 묻힙니다. 그리고 지난 것은 지난 것으로, 다가오는 것은 다가오는 것으로 새 역사를 시작합니다. 지금까지 볼 수 없었던 더욱 놀라운 것들이 펼쳐지고 이뤄질 찬란한 시대 2020년을 무엇보다 선생님과 함께 열 수 있어서 영광입니다. 선생님께서 이루어 놓으신 시대의 그늘을 누릴 시대입니다. 거기서 우리의 시대로만이 아니라 우리의 자녀들 우리의 후배들이 더 많이 누리고 펼쳐낼 시대입니다.

2020년은 무엇보다 좋은 작품으로 우리의 시대를 남겼으면 싶습니다. 항상 시작은 미약하기 마련이지만 그 미약함을 그대로 두지 않는 게 인간 아닙니까. 더 굵고 크고 높게 만들어가는 노력들이 오늘의 발전도 가져왔을 것입니다. 우리의 문학도 보다

성숙한 모습으로 독자에게 남았으면 싶습니다.

우리는 오랫동안 2020년을 우리가 꿈꾸던 미래 시대로 생각해 왔었습니다. 그런데 정작 그 2020년이라고 하니 이곳이 정상이 아니고 눈에 보이던 한 봉우리였음을 알게 됩니다. 저 멀리로 다시 더 높고 많은 시간의 봉우리들이 저리 많이 보이니 말입니다. 해서 저도 어느 해보다 크고 화려한 꿈을 꿔보겠습니다. 찬란히 떠오르는 저 해를 향해 저도 큰 소원도 하나 빌어보겠습니다.

선생님과 제게도 펼쳐질 2020년의 새 하늘과 새 땅을 기대해 봅니다. 선생님의 좋은 작품들을 더욱 많이 만날 수 있는 해가 되길 기도합니다. 그리고 우리의 수필문학이 더욱 건실해지고 문학으로의 충실도를 더해가는 진정한 21세기 산문의 시대를 열었으면 싶습니다.

선생님 강건하시고 건필하시옵소서. 2020년 새해 아침 올림.

―월간 『수필문학』 2020년 1월호

눈이 부시게

 겨울날답지 않게 햇살이 밝고 아름답다. 남부지방에서부터 눈이 아닌 비가 올라온다고 하더니만 아직 중부는 그 영향권이 아닌 것 같다. 별로 크지도 않은 땅덩어리의 나라인데 이처럼 한 곳에선 비가 오고 다른 곳은 맑으니 참 신기하다. 하지만 요즘 내 일상은 이런 햇살 같지 않다. 양방과 한방 병원을 오가며 진료를 받고 침을 맞으며 통증을 다스렸다. 다스렸다기보다 제발 좀 가만있어달라고 달래고 애원했다는 표현이 더 맞을 것 같다. 뭐가 그리 부실한지 금방 피곤해지고 통증으로 온밤을 새우기도 하니 참 부끄럽기도 하고 속상하기도 하다. 그래도 어찌하다 보면 무엇이 어떻게 작용했는지 모르지만, 통증도 잦아지고 잠도 잘 수 있으니 그나마 다행이긴 하다.
 눈이 부실 만큼 햇살이 아침을 밝힌다. 해서인지 통증은 있어도 마음도 따라서 밝아지는 것 같다. 오늘은 강원도 평창으로 강의를 간다. 해서 청량리역에서 KTX로 평창까지 간다. 2년 넘게 고속버스로 다녔는데 주 52시간 때문인지 KTX 때문인지 버스 운행이 반으로 줄어 내가 이용하던 시간대의 버스를 이용할 수 없게 되었다. 다행히 KTX로 그 시간대를 맞출 수가 있으니 얼마나 다행인가. 그러고 보면 사람이 사는 것이 다 얽히고설키며 어려움을 만드는 것 같지만 잘 살펴보면 꼭 한 군데쯤 길이 있음을 발견하게 된다.

너무 조급해할 일도 분해할 일도 아니란 생각이 드는 것도 이만큼 삶을 살아오며 저절로 생긴 지혜가 아닐까 싶다. 20년 전에 『살아있음은 눈부신 아름다움입니다』란 수필집을 낸 바 있다. 재소자들을 위한 잡지에 6년 넘게 「밖에서 띄우는 편지」란 제목으로 연재를 했던 것인데 그 일부를 모아 책으로 냈었다. 재소자가 되어 담 안에만 있어야 하는 그들에게 담 밖의 소소한 이야기들을 들려줌으로써 평범한 일상을 그리며 형기를 잘 마치고 가족의 품으로 돌아가길 바라는 마음으로 쓴 글들이었다. 평범한 세상 돌아가는 이야기, 내 아이들 이야기, 친구 이야기, 하루하루 사는 사람들 이야기였다. 혹시라도 생각을 허투루 하여 무슨 일을 내면 안 된다는 생각도 있었지만 살아있는 이 순간이야말로 얼마나 귀하고 아름답고 눈부신 것인가 하는 내 솔직한 고백이었다. 살아있음은 눈부신 아름다움입니다. 목숨이 붙어있는, 생명이 있다는 건 신비로움이고 기적이 아닐 수 없기 때문이다.

얼마 전에 방영되었던 〈눈이 부시게〉란 드라마가 있었다. 배우 김혜자가 알츠하이머치매를 앓는 노인을 연기했는데 드라마 내용도 좋았지만 그녀가 백상 예술대상 TV 부문 대상을 받으며 수상소감으로 그 〈눈이 부시게〉 최종회에 나왔던 내레이션을 들려주어 큰 감동을 주었다.

내 삶은 때론 불행했고, 때론 행복했습니다. 삶이 한낱 꿈에 불과하다지만 그럼에도 살아서 좋았습니다. 새벽에 쨍한 차가운 공기, 꽃이 피기 전 부는 달큰한 바람, 해 질 무렵 우러나는 노을의 냄새, 어느 하루 눈부시지 않은 날이 없었습니다.

지금 삶이 힘든 당신, 이 세상에 태어난 이상 당신은 모든 걸 매일 누릴 자격이 있습니다. 대단하지 않은 하루가 지나고 또 별거 아닌 하루가 온다 해도 인생은 살 가치가 있습니다. 후회만 가득한 과거와 불안하기만 한 미래 때문에 지금을 망치지 마세요. 오늘을 살아가세요

눈이 부시게. 당신은 그럴 자격이 있습니다. 누군가의 엄마였고, 누이였고, 딸이었고, 그리고 나였을 그대들에게.

어쩌면 우리 인생이란 것이 그녀가 들려준 대사와 같지 않을까. 그녀는 후회만 가득한 과거와 불안한 미래 때문에 지금을 망치지 말고 눈이 부시게 오늘을 살라고 했다.

사람이란 게 완벽하지 못한 존재여서인지 불안하고 늘 다가오지 않은 미래 내가 알 수 없는 내일에 대해서 지나치리만큼 두려워한다. 그러면서 맹목적인 기대와 바람 때문에 더 큰 실망과 좌절을 겪기도 한다.

그 김혜자가 어느 인터뷰에선 "날개는 누가 달아 주는 것이 아니라 내 살을 뚫고 나와야지." 했다 한다. 내 삶의 주인은 언제든 나일 뿐이고 그만큼 모든 책임도 나에게 있는 것인데 내 살을 뚫고 나오지 않은 누구 것인지도 모르는 날개를 내 어깨에 붙인다고 날아질 것이냐는 말일 것이다. 내 오늘의 눈을 부시게 하는 것은 무엇일까. 지금, 이 순간이라고 한다면 맞는 말일까. 나는 그런 오늘 그런 지금에 어떡하고 있는가. 어떻게 사는 것이 진정 눈이 부시게 사는 것일까.

어렵게 강의를 마치고 돌아왔는데 통증이 막 심해졌다. 순간 혹시 또 결석이 아닐까 하는 생각이 들었다. 바로 얼마 전에 세 번이나 돌을 깼는데 그새 또 생겼단 말인가. 믿기지 않으면서도 병원에 전화를 해봤다. 속히 오란다. 검사를 하니 맞다고 한다. 아픔과 고통 속에서 몇 날을 고생했는데 전혀 예상치 않은 곳에서 문제를 찾고 해결을 하는 셈이다. 신장결석, 지난번처럼 돌이 신장에서 요관尿管으로 진입하는 그곳에 떡하니 걸려 있다는 것이다.

통증은 때마다 늘 상상을 초월했다. 평소에 허리가 자주 아프고 신장 기능이 약했기에 그쪽에서 다시 문제가 생긴 것으로만 알았고 병원에서도 그쪽으로만 추적했는데 아니었던 것이다. 왜 그 생각을 못 했을까. 전력도 있는데 말이다.

급히 사진을 찍고 초음파 검사를 하고 위치를 잡아 초음파쇄석기로 돌을 깼다. 1초에 한 번, 1분이면 60번, 40분이니 2,400번을 기계가 쿵쾅거리며 돌을 깼다. 그렇게 해서 소변을 통해 나온 돌의 잔해들, 이걸 내 몸에 담고 있었다는 얘기다. 통증이 시나브로 사라졌다. 세상이 달리 보인다.

왜 이리 단순할까. 내 생각대로 되는 게 아닌 줄 아나 보다. 기왕의 증상이 가져왔을 거로 생각했던 통증은 전혀 다른 원인으로 나를 흔들었다. 그간 여러 가지로 신호를 보내왔었다. 무엇보다 비위가 상하여 입맛을 잃어버렸고 쉬 피로했다. 이건 지난번 징조와도 같은 것이었다. 하지만 돌을 깬 지 얼마나 되었다고 또 돌인가. 어쨌든 언제 그랬냐 싶게 통증이 사라지자 그야말로 살 것 같았다. "어느 하루 눈부시지 않은 날은 없습니다." 그런 것 같다. 아침에 보았던 부신 밝음의 햇살처럼 지금은 불빛들이 현란하다. 그러고 보니 오늘 하루를 어떻게 살아왔는지 내가 생각해 봐도 장하고 기특하다. 통증을 억누르며 집을 나서 먼 곳까지 강의를 하고 돌아온 길, 그나마 다행히 통증이 견딜 만은 했다는 것, 강의 끝나고 집에 와서야 다시 심해졌다는 것, 삶은 그렇게 위태롭게 하루하루를 사는 것이던가. 그렇다가도 눈부시게 시간을 빛내던 삶이 아녔던가. 통증 없이 바라보게 하는 세상이 나를 눈부시게 한다. 나는 그 하루 속에서 너무나도 작은 존재로 사는 것이지만 해서 삶은 그렇게 더욱 눈부신 것이었다.

－월간 『수필과비평』 2020년 2월호

내가 낯설다

외출을 위해 옷을 갈아입다 거울 앞에 선다. 거기 웬 낯선 사람 하나, '당신 누구요?' 말없이 눈으로 신원을 확인한다. 그가 역시 말없이 대답한다. "바보, 너도 몰라?" 순간 내 몸을 훑어본다. 옷을 입은 모습도 얼굴도 모두 낯설다. 방을 나서서 거실 옆의 큰 거울 앞으로 가본다. 그런데 전신이 비쳐 보이는 모습은 더 낯설다. 내가 나로 보이지 않는다는 이 아이러니, 내가 나에게 낯설다는 사실 앞에 어지간히 나도 당황한다.

요즘 나는 가급적 정장을 하지 않으려 한다. 30년이 넘게 어쩔 수 없이 넥타이를 맸으니 이젠 싫을 만도 하겠지만 무엇보다 넥타이를 하면 나를 옥죄는 것 같아서다. 하지만 갈등이 없는 것도 아니다. 언젠가 문단 대 선배이신 노 교수님께서 학생들 앞에 설 때는 최고의 예의를 갖춰야 한다며 그래서 넥타이를 매는 것이 옳다고 하셨다. 맞는 말씀인 것은 분명하다. 그런데도 너무 거리감을 느끼게 하는 것은 아닌가 싶다. 그래서 내 딴엔 최대한 그런 거리감을 좁혀보려 복장에 신경을 써 보는 것이지만 20년이 넘는 나이 차의 벽을 허물 수는 없는 것 같다. 정장이건 편한 복장이건 관계치 않고 어려워한다. 그래도 가급적 경망스럽지 않은 편안한 복장으로 그들 앞에 서 보지만 그런다고 거리감까지 좁혀지진 않는 것 같다.

그런데 오늘따라 거울 앞에 선 내가 이렇게 낯설어 보이는 것은 또 하나의 충격이요 절망이다. 모두 나를 젊다고 했다. 실제 나이보다 10년쯤 낮춰보기도 했다. 때로는 그게 싫었다. 너무 어린 취급 당하는 것 같고 마치 아직 철 안 든 아이 같기도 해서다. 나이만큼 위엄도 있어 보여야 하는데 내게선 그런 분위기가 느껴지질 않나 보다. 그래선지 문단의 어른들은 나를 아주 편하게 대해 주신다. 그러나 그보다 젊은 축에게선 빠져나갈 수 없는 나이 든 사람이 되니 젊어 보인다는 말도 다 믿을 건 못 되는 것 같다.

고사古事 속에도 거울 이야기가 있었다. 사마천의 『사기』와 함께 동양 최고의 역사책으로 평가받는 송나라 사마광의 『자치통감』은 전국시대부터 송나라 이전까지의 1,400년 동안 역사를 기록한 중국 역사서다. 그런데 사마광은 이 책에서 당 태종 이세

민의 인품을 특히 높이 평가하면서 세 개의 거울 이야기를 하고 있다.

태종은 "동으로 거울을 삼으면 의관이 바른지를 알 수 있어 자신을 볼 수 있고, 역사로 거울을 삼으면 나라의 흥망성쇠와 한 가정의 미래를 볼 수 있고, 사람으로 거울을 삼으면 그 사람을 소중한 재목으로 삼을 수 있다."고 했다는 것이다. 해서 그는 적국 신하였던 위징을 등용해 자신의 옆에 두고 직언과 비판의 상소를 올리게 했다. 신하들이 이를 몹시 불편하게 여겼음에도 그를 항상 오른편에 두었다. 그러다가 그가 세상을 떠나자 크게 슬퍼하며 비문을 세웠는데 "이제 위징이 죽었으니 나는 거울 하나를 잃고 말았구나." 했다고 한다. 비판의 상소를 쉬지 않던 위징은 왕의 거울이었던 것이다.

나는 태종 같은 통치자도 아니다. 그러니 세 개의 거울까지 필요치도 않겠지만 거울이란 것이 비춰보는 사람을 바로 볼 수 있게 해 주는 것이라는 데엔 이의가 없다.

나이가 들어갈수록 거울을 자주 보아야 한다는 말이 있다. 자칫 흐트러지기 쉬운 외모를 잘 건사하여 추한 꼴 보이지 말라는 말도 되겠지만 자신의 모습을 바라보면서 혹시라도 보기 흉하게 흐트러진 모습이 되지 않도록 점검하면서 반성하고 다짐도 하며 관리를 제대로 하라는 말일 것이다.

내 외할아버지는 참 멋쟁이셨다. 그러니 거울도 자주 볼 수밖에 없었다. 그런데 만주로 일본으로 외유 중에 몸을 많이 상하여 치료한다고 독한 약을 먹다 보니 문제가 생겼다. 안면에 마비가 오고 얼굴이 한쪽으로 쏠려버렸다. 할아버지는 그때로부터 거울을 안 보셨단다. 자신의 외모에 대해 아주 컸을 그 충격과 절망을 거울과 결별하는 것으로 합의를 본 것 같다.

나들이를 위해 할머니가 경대 앞에 앉아 머리를 만지는 모습도 참 보기 좋았다. 거울에서 일어나셨을 때의 할머니 모습은 아까의 모습이 아니었다. 거울이 있기에 가능한 일이었다. 외모가 바르면 마음 씀도 달라지기 마련이다. 거울은 외모를 아름답게 하는데 꼭 필요한 도구이지만 거울을 통해 마음가짐도 바로 하라는 말로도 듣는다.

다시 거울 앞에 선다. 찬찬히 보니 내가 맞다. 낯선 것은 눈이 아니라 마음이었다. 사람들은 늘 기대치를 갖고 산다. 그런데 그게 자신에 관한 것이면 가혹할 만큼 인색하다. 그만큼 자신에 대한 기대치가 높다는 말일 게다. 그러나 어느 순간 마음을 누그러뜨리면 그 정도에서도 만족해지거나 괜찮다고 협상이 된다. 거울 속의 모습은 중년을 넘어 초로의 얼굴이다. 얼굴뿐인가. 전체적으로 풍기는 모습도 인생 후반부로 보이고 느껴진다.

거울은 거짓 없이 사실적인 모습을 보여준다. 보이는 그것을 인정 못 한다면 그게 더 문제다. 하지만 사실이 다 진실은 아니다. 그런데 우리 삶은 사실과 진실을 혼동할 때가 많다. 물론 거울 속의 모습에서 진실까지 볼 순 없다. 그래서 마음의 거울을 가지라 한다. 사마광처럼 동銅거울, 역사 거울, 사람 거울까지는 다 못 가져도 동거울과 사람 거울만은 나도 갖고 살아야 할 것 같다. 내 외모를 비춰보는 거울과 내 진실을 볼 수 있는 양심의 사람 거울을 수시로 들여다보면서 내 외면과 함께 내면의 모습도 닦고 가꿔야 할 것이다.

거울 속 나의 얼굴 모습이 아까보다 훨씬 밝아져 있다. 젊어 보이기도 한다. 마음 상태에 따라 몇 년은 더 젊어 보이게도 할 수 있는 것 같다. 거울 속의 내가 살짝 웃는다. 좀 멋쩍긴 하지만 아까보다도 부드러운 인상이다. 아무래도 나도 이제는 손바닥 거울이라도 하나 가지고 다니며 수시로 얼굴을 비춰보며 표정도 관리해야 할 것 같다. 그래야 내가 나를 낯설어하진 않을 것 아닌가. 그런데 거울 속의 그가 나를 보며 "바보, 자기가 자기도 모르는 바보." 한다. 하지만 나도 "이젠 나인 줄 알아." 응답한다. 그래도 거울 속의 내가 낯설었다는 사실이 영 개운치가 않다. 그리고 보면 외모뿐 아니라 내 내면은 더 낯설지 않을까.

ㅡ계간 『창작수필』 2020년 봄호

어떤 부러움

　봄기운이 느껴지는 날 아침 조간신문을 펼친다. 그러다 한 면에 눈이 멎는다. "30만 원짜리 棺관에서 영면, 그는 마지막까지 겸손했다." 빌리 그레이엄 목사의 장례식에 대한 기사다. 1918년에 태어나 2018년에 세상을 떠나니 정확히 한 세기를 살다 간 것이다.
　나는 1973년 100만 명이 모였던 여의도광장의 빌리 그레이엄 전도 집회를 아직도 생생히 기억한다. 발 디딜 틈도 없이 그야말로 구름처럼 모여든 사람들을 향해 쏟아내던 그의 설교를 스무 살이나 아래인 젊은 김장환 목사의 빠르고 정확한 통역으로 들으며 우린 온몸이 전율했었다. 여의도광장이 생긴 이래 가장 많은 인파가 모였다는 그때 한국엔 처음 느껴지는 특별한 바람이 우리의 가슴까지도 흔드는 걸 보았었다.

그로부터 45년, 그랬던 그가 떠난 것이다. 크리스천들에겐 전설 같은 인물이다. 그런데 그렇게 대단한 그가 루이지애나 교도소의 재소자들이 만들었다는 우리 돈 32만 원쯤 되는 300달러짜리 소나무 관에 누워 이 세상과 하직했다. 그는 그렇게 죽음의 자리, 마지막 떠나는 자리에서까지도 어떻게 할 것인지, 생의 마지막 죽음의 자리에선 무엇을 가지고 가는지, 또 무엇을 남기는 것인지를 소리 없는 설교로 아주 조용히 우리의 가슴에 심어주었다. 그는 떠난 게 아니었다. 우리 가슴에 언제까지고 그렇게 남아있을 터였다. 그런 그가 참으로 존경스럽고 부럽다. 그의 삶 그리고 그의 떠나감까지.

42세의 기업 대표가 50억을 기부했단다. 음식 배달 서비스업체를 운영한다는데 100억 원을 사회에 환원하며 절반은 저소득층 장학금으로 지원한다고 했다. 42세의 나이에 어떻게 그렇게 큰 재산을 모을 수 있었느냐도 놀랍지만 50억, 100억, 우리는 평생 안 쓰고 모은다고 해도 턱도 없을 그런 엄청난 금액을 조건 없이 기부할 수 있는 그의 배포와 자신감 그리고 마음이 너무나도 부럽다.

올해로 데뷔 50주년을 맞는다는 가왕 조용필의 기사도 나 있다. '땡스 투 유Thanks to you'라는 제목으로 잠실 올림픽주경기장 공연을 시작으로 전국 투어를 한단다. 그는 공연 제목처럼 자신

어떤 부러움 35

의 50년 음악 인생을 한마디로 '고맙다 말하고 싶었다.'고 했다. 〈돌아와요 부산항에〉 〈창밖의 여자〉 〈허공〉 〈킬리만자로의 표범〉 〈못 찾겠다 꾀꼬리〉 등 헤아릴 수 없이 많은 히트곡을 내며 자신이 하고 싶은 일을 50년이나 할 수 있었다는 것은 얼마나 큰 축복인가. 그를 사랑하는 팬들은 언제나 공연장을 꽉꽉 메웠고 70년대를 들어서며 우린 그의 노래에 빠져들고 열광했었다. "꺄악." 하고 지르는 환성과 '조용필'을 연호하는 소리들이 전국 곳곳에서 벌써 귀에 들려오는 것 같다. 50년의 노래 인생에서 늘 그의 마음속 깊이 넘쳐나던 한 마디 '고맙다'가 그를 오늘까지 있게 한 힘이 아니었을까 싶다.

그런데 또 있었다. '발 크리슈나 도시'라는 91세의 인도 건축가가 건축 노벨상이라 할 수 있는 프리츠커상을 받았단다. 호텔 체인인 하야트 창업자 프리츠커가家에서 1979년에 제정한 상이라는데 '도시'는 건축에 인도 문화를 결합시켜 독자적인 건축세계를 일궈낸 건축가로 인도의 첫 수상자가 된 것이란다. 아직도 현역인 그의 또 다른 도전과 작품들이 기대된다.

평생을 자신의 사명인 선교를 위해 일하다 가는 것도 멋지게 떠나는 빌리 그레이엄 목사나 힘든 환경에서도 노력하는 학생들이 꿈을 위해 도약하는 발판이 되길 바란다며 엄청난 금액을 선뜻 기부한 우아한 형제들이란 기업의 젊은 대표, 50년을 한결같이 노래로 우리의 가슴을 채워주고 따뜻하게 해 주었던 가왕의 한 마디 '고맙다'는 복잡하고 살벌하기까지 한 우리네 삶에 위로와 격려와 평안으로 가슴을 채워준다. 또한 91세나 되었으면서도 여전히 현역으로 독창적인 건축문화세계를 일궈내는 노 건축가를 보며 나는 지금 어떻게 살고 있는가 내심 두려움 가득 나를 돌아보게 된다.

부러움도 꿈과 같을 수 있다. 꿈을 다 이룰 수는 없겠지만 그 꿈을 목표로 쉬지 않고 나아가는 모습이야말로 아름다운 것이고 또 내가 아닌 다른 사람이 이뤄놓은 것을 바라보며 꿈을 가져보는 것도 의미 있는 일이다. 그의 행적에 부러움을 가지며 나도 그렇게 되고파 오늘을 더 열심히 살아야겠다는 도전을 받게 된다.

연일 보도되는 상쾌하지 못한 소식들 속에서 오늘 나는 오랜만에 눈을 맑히고 가슴도 맑히는 시간을 만났다. 문득 저들의 뒷모습이 참 아름답다는 생각이 든다.

어쩌면 사람은 뒷모습이 더 아름다워야 하지 않을까 싶다. 보이는 앞모습은 열심히 치장하여 잘 보이려 하지만 내게 보이지 않는 뒷모습은 남만이 평가하는 부분이다. 하지만 앞태가 곱다고 뒤태도 고운 것은 아니지 않는가. 그러나 뒤태가 고운 사람은 앞도 곱지 않을까. 특별히 가꾸지 않아도 아니 가꿀 수도 없기에 늘 자연 그대로가 보일 수밖에 없는 뒷모습이 오히려 그의 진면목이 아닐까 싶다.

빌리 그레이엄 목사도, 91세의 노 건축가도, 50년을 한결같이 음악으로만 살아온 가수도, 아직은 젊지만 가진 것을 다른 사람을 위해 훌훌 놓아버리고 휘적휘적 가고 있는 젊은 사업가도 뒷모습에서 더 아름다움이 느껴지는 것이 아닐까.

오랜만에 기분 좋은 부러움을 느낀다. 참으로 오랜만에 신문을 읽은 뒷맛이 개운하다. 이렇게 사는 사람들이 있기에 이만큼 사회가 유지되는 것이고 희망도 사랑도 꺼지지 않는 것이 아닐까.

반면 거울로 저들 모습에 나를 비춰본다. 뱁새가 황새걸음을 쫓는 것이고 어쩌면 내게는 쳐다보지도 못할 높은 곳일지도 모르지만 난 이 나이에서도 그들을 바라보며 부러워하는 것만으로도 즐겁다. 저들과 한 시대를 함께 산다는 것에 감사와 기쁨도 느낀다.

빌리 그레이엄 목사의 장례식 광경 사진을 다시 들여다본다. 떠나도 오래도록 기억될 사람이다. 그가 참으로 부럽다. 그의 삶이, 그의 떠나가는 모습이. 그러고 보니 어느새 나도 떠나는 모습을 생각할 때가 되어버렸나 보다. 문득 일몰이 더 아름답다는 말이 생각난다. 저들은 다 그런 것 같은데 나도 그럴 수 있을까.

-『계간문예』 2018년 여름호

'첫'과 '새'를 생각하다

설이 내일모레다. 1월 1일이 지난 지 한 달여이지만 설날이 되어야 진정한 올해가 된다는 생각이다. 그런가 하면 첫눈이 내린다고 좋아한 것이 얼마 안 된 것 같은데 겨울이 깊어져서 이제 곧 봄, 새봄이 될 것이다. 그런데 사람들은 '새'나 '첫'이라는 말에 유난히 민감한 것 같다. 하지만 세상에 '첫'인 것이 어디 있고, 또 '첫' 아닌 게 어디 있을까. 모두가 자기 편한 대로 구분하는 것이지 않을까.

이른 새벽 교회로 향한다. 하나님께 첫 시간을 드림으로 하루를 시작한다는 의미다. 그러나 이미 일어나 세수하고 머리 빗고 옷 갈아입고 신발 신고 집을 나서기까지만도 그 하루의 '첫'은 수없이 행해진 것이고 지나간 것이 된다. 다만 그것들은 준비과정으로 진정한 드림은 아니라는 것인데 그 또한 내 마음이 정한 것일 뿐 기준이나 규정 같은 건 없다. 그러고 보면 한 해의 시작도 그렇지만 이 하루라는 것의 시작도 어디로부터 볼 것인가. 0시 1초인가, 밝음이 시작되는 그때를 하루의 시작으로 볼 것인가. 하기야 시계 또한 우리가 정한 규칙 속에서의 인정함일 뿐 아닌가. 어떻든 사람들은 그런 구분에서라도 '첫'과 '새'에 매료되고 환호하고 열광한다.

'첫'과 '새'가 풍기는 뉘앙스는 사뭇 다르다. 첫 손주가 태어나던 날 난 참으로 설레었다. 남매를 낳아 키웠지만 그때는 느껴보지 못했던 설렘이다. 내 핏줄의 첫 생명체, 새 생명이라는 느낌은 아기를 보는 순간 감격으로 느껴졌다. 제 어미를 닮은 모습이겠으나 신기하게도 제 어미의 아빠인 내 모습이 먼저 보였다. 눈 모양과 입 모양에서 귀 모양까지, 코는 제 어미와 외할매를 닮았다. 어떻게 이런 일이 일어날 수 있는가. 60년도 훨씬 세월 차를 두고 어떻게 나를 닮은 모습으로 태어날 수 있단 말인가. 그래서 첫 손주는 유난히 더 사랑을 많이 받는지도 모르겠다. 닮음이야 둘째나 셋째에도 있는 것이지만 처음이라는 것, 첫이라는 것에서 발견한 닮음의 감동이기에 더 유별났던 것 같다.

내가 첫 해외여행을 한 것은 1989년이었다. 모 카드사가 협력기관 직원을 초청한 것이었는데 괌으로였다. 그때의 설렘도 컸다. 무엇보다 처음으로 비행기를 탄다는 것이었고 거기다 첫 해외여행으로 내 나라를 떠난다는 것이었으니 당연히 그에 대한 흥분을 감출 수가 없었다. 그리고 거기 가서 만났던 바다는 내가 보아서 알고 있던 그런 바다가 아니었다. 끝도 없이 펼쳐지며 경계도 없이 하늘과 맞닿아 있는 바다는 태초 창세기의 그 궁창이었다. 그때의 놀라운 감격과 충격의 바다와 하늘은 지금도 잊을 수 없다.

  올해에도 어김없이 새해, 첫 달, 첫 주, 첫날을 지나 새봄도 멀지 않다. 여느 해와 다름없이 매년 맞는 것이건만 그 '첫'과 '새'가 주는 마력에 이끌려 또다시 흥분한다. 어제도 떠올랐을 그 해를 새해 첫해라며 새롭게 바라보고 어제 만났던 사람인데도 새해 첫 만남이라며 인사와 덕담을 나눈다. 그 흥분에는 지난해에 겪어야 했던 절망과 분노와 슬픔과 아쉬움 같은 것들은 다 잊게 하시고 이제부터 새로운 해이니 올해는 평화와 행복과 감사와 아름다움만 넘치게 해달라는 간절한 소망과 기도가 담겨있다.

  그렇고 보면 '새'는 반직선이다. 시작이어야 하기 때문이다. '첫' 또한 그렇다. 직선 속 구간일 터이겠지만 우린 그걸 반직선으로 보면서 그 시작을 '첫'이고 '새'로 본다. 우리 말 '삼세번'이라는 말 또한 그런 '새'와 관련이 있지 않을까. 맘에 안 드는 한 번을 버리고 다시 한번을 '새'나 '첫'으로, 그러나 왠지 미안하니 각기

한 번씩 한 것은 없는 것으로 하고 한 번 더 하는 것을 '첫'으로 한다는 것 아닌가.

인디언들의 기도는 다 이뤄진다고 한다. '새'나 '첫'으로만 끝까지 가면서 이뤄질 때까지 기도하기 때문이란다. 하지만 우리는 적당한 선에서 끊어 버릴 것은 버리고 그 시작부터를 새것이라 한다. 그러면서 다시 '첫'으로 시도한다. 그게 좀 미안했을까. 그래서 '삼세번'이다. 그쯤에서 합의가 이뤄지는 것이다. 그것도 편의상 만들어진 규칙이지만 상호 양해가 이뤄지고 그렇게 한 그것에 '새'와 '첫'의 의미를 부여하여 다시 시도한다. 우리는 그렇게 새것을 갖고 새롭게 하고 처음이라며 환호한다.

매일 매일의 하루, 그 하루 속에서 맞이하는 수많은 시간들, 지고 뜨는 해, 모두 새로운 역사 속의 시간이요 사건들이 된다. 사실 오늘 아침은 흘러가 버린 시간 속의 어제 아침과는 결코 같을 수 없으니 새 아침이 분명하다. 그렇게 시간의 흐름이 끊어질 수만 있다면 그 새 아침에 이뤄지는 첫 행위이니 또한 처음이다. 늘 새롭게 첫날을 맞고 새로운 시작을 하고자 함이다. 하지만 어떤 만남도 내 눈과 마주쳐야만 첫 만남이 된다는 것을 알고는 있는지 모르겠다. 나 모르게 지나가는 것은 내 것이 아니다. 내 눈에 내 맘에 마주치는 만남으로 시작을 만들려는 노력, 그래서 내가 보고 느끼는 그 '첫'과 '새'에 열광하는 것 아닌가.

새벽 새날 새해 새댁 새신랑 새신부, 새것 그리고 첫 만남, 첫 직장, 첫 여행, 우리는 그렇게 뭔가 더 새로운 것, 가장 신선하고 신비로운 첫 것을 만들려 하고 그것들을 사랑하고 소중히 생각한다. 내일모레면 설날이다. 진정한 새해다. 아니 새날이라고 했던 그 날이 지나갔으니 다시 새날을 갖고 싶음일 지도 모른다. 그렇게 나도 새 소망, 새 계획 속에 새해 첫날을 맞을 것이다. 손주들을 위하여 세뱃돈도 준비해야겠다. 새해 들어 받는 첫 돈일 테니 그것도 새 돈을 준비해야겠다. '새'와 '첫'이 주는 감동을 굳이 마다할 필요는 없잖은가.

—계간 『문학에스프리』 2019년 봄호

겨울 부채

책 묶음을 정리하는데 뭔가 툭 떨어졌다. 길쭉하게 돌돌 말아 대충 포장되어진 걸로 봐서 임시 보관용으로 싼 것 같다. 풀어 보니 부채 두 개가 아닌가. 하나는 전에 부채 시화전을 할 때 제작되었던 내 시가 적힌 합죽선이요, 하나는 B 시인이 직접 만들었다며 선물했던 부채였다. 여름이 벌써 지났고 가을도 지나 겨울에 이른 때에 하릴없이 부채 두 개를 들고 하나씩 바람을 일으켜 본다.

부채질을 안 해도 시원한 때이지만 우리 대나무에 우리 종이를 붙여 만든 부채여서일까. 바람이 그렇게 시원할 수가 없다. 그런데 부채를 쓸 철도 아닌데 다시 본래대로 싸서 보관해 두어야 하나 아니면 꺼낸 것이니 그냥 사용을 해야 하나 고민이 된다. 사실 겨울에 부채가 얼마나 필요하랴.

문득 하로동선夏爐冬扇이란 말이 생각난다. 여름 화로 겨울 부채란 있어도 별로 소용이 안 되는 물건을 이름이다. 하지만 살다 보면 전혀 불필요할 것 같아 보이는 것이 아주 요긴하게 쓰일 때도 있고, 또 조금만 기다리면 제때를 만나 곧 귀히 쓰일 때가 이르리라는 희망이기도 하다. 나처럼 땀을 많이 흘리는 사람에겐 사실 겨울에도 필요함 직한 물건이다. 거기다 겨울 부채를 들고 여름의 운치를 느껴보는 것도 그리 나쁘지만은 않을 것 같다.

전에 읽었던 ㅈ 교수의 수필이 생각난다. 학점을 어떻게 줄까 고심을 하게 하는 학생이 있었다. 그런데 우연히 차창 밖을 내다보니 그 학생이 길가의 좌판坐板 노인 상인 앞에서 하필 부채 하나를 들고 보고 있더란다. 겨울에 부채를 산다는 것도 우습지만 겨울에 부채를 팔겠다고 나온 이가 더 안타까운 상황이다. 그런데 학생이 그 부채를 사더라는 것이다. 차가운 한겨울에 팔러 내놓은 물건 중에서 유독 부채를 사는 그의 마음이 겨울 햇볕보다 더 따스하게 보였을 것이다. 성적이야 조금 모자라면 어떤가. 그러나 저런 마음씨는 얼마나 아름답고 귀한가. 그 학생에게 좋은 학점을 주면서도 마음은 한없이 즐거웠을 것이다.

겨울 부채는 강태공의 낚시 같다는 생각도 든다. 때를 기다리는 것, 제때를 기다리는 것이라고나 할까. 조금만 기다리면 이내 봄이 오고 곧 여름도 될 것이다. 지금 당장은 소용없는 물건일지 모르나 제철인 여름만 되면 가장 사랑받는 귀한 물건이 될 것이다. 사는 것이 하도 답답하여 여름에도 겨울 같고, 겨울에도 여름 같은 때에 그 한고비만 넘기면 제철을 만난다는 희망으로 겨울 부채는 그런 위로도 줄 것이다.

지난여름이었다. 광주에 사시는 이모님께서 전화를 하셨다. 서랍 속에 안 쓴 부채가 있어서 쓰려고 봤더니 거기 내 시가 적혀 있더란다. 해서 못 쓰고 다시 넣어둔다고 하셨다. 그냥 쓰세요, 부채는 시원하게 쓰려는 것인데 시가 있으면 더 좋잖아요 했더니 그래도 네 글이 적혀 있는 부채인데 몇 번 쓰면 금방 헐어버릴 것 아니겠느냐며 안 쓰고 두고 보시겠다 했다. 나는 그걸 드린 것도 이미 잊고 있었는데 이모님은 내 시가 적혀 있는 부채라는 것만으로도 보물처럼 깊이 넣어두셨던가 보다.

부채는 순수한 우리말이다. 손으로 부쳐서 바람을 일으킨다는 '부'에 대나무 또는 도구라는 '채'의 합성어로 '손으로 바람을 일으키는 도구'라는 뜻을 갖고 있다. 그러니 손에 잡고 흔들어 바람을 일으키는 도구인 것이다.

옛날에는 부채가 더위를 쫓는 본연의 역할 이외에도 권력과 부의 상징으로 인식되었다. 특히 한국·중국·일본 등 동양 3국에서는 궁궐이나 고위 관직의 사람들이 소장품으로 많이 애용하였으며 교역이 활성화되면서 서양으로도 부채가 넘어가게 되었는데 진주나 비단 등과 함께 매우 귀중한 물목으로 취급되었다고 한다.

뿐만 아니라 일상생활에서도 중요한 역할을 해 왔다. 전통 혼례 때 사용되었고, 화가나 문인 등의 예술적 취미를 키워 주었고, 전통춤인 부채춤이나 무당들의 무당굿 소품 등으로도 사용되어 왔다. 현대에는 관광 특산품 내지 팬시용품에 여름철 필수 홍보용품으로 크게 자리매김을 하고 있어서 사실 부채는 4계절 내내 사용되는 것이랄 수도 있다. 하기야 모선毛扇이라 하여 털로 만들어 방한용으로 사용하는 겨울용 부채도 있지 않은가.

부채를 중국에서는 '선扇'이라고 하는데 이는 집안의 날개를 뜻하는 것으로 보아 종이나 실크가 없던 고대에는 새의 깃털로 부채를 만들어 사용하였던 것 같다.

현존하는 가장 오래된 부채로는 기원전 1,330년대의 이집트 투탕카멘왕의 피라미드에서 발견된 호아금 봉棒에 타조의 깃털을 붙인 부채로 3,000년이 지난 지금에도 부채의 형상을 확인할 수 있다 한다. 동양에선 서기 300년대의 경남 의창군 다호리의 고분에서 출토된 1,700년 전 부채로 자루의 표면에 옻칠이 되어져 있으며 길이는 한 자尺 정도인데 2점이 발견되었다 한다.

부채를 보면 또 생각나는 게 있다. 여름이면 하얀 모시옷에 부채를 들고 마실을 나가시던 할아버지 모습이 그렇게 보기 좋앉었다. 나도 그때 할아버지 나이에 가까이 가건만 아무래도 내게서는 그런 멋이 넘쳐나지 않을 것만 같다.

　겨울 부채는 슬픈 물건이다. 제철을 잃은 슬픔, 잊힌 아픔, 제 할 일도 없는 부끄러움이다. 하지만 세상이 많이 바뀌었다. 겨울에도 여름과 똑같은 차림으로 방 안에서 지낸다. 겨울에도 여름 과일이나 채소가 얼마든지 있다. 그렇다면 부채도 꼭 여름에만 소용되는 걸로 한계를 둘 필요는 없겠다. 하기야 우리 어린 날 시골에선 겨울에도 아궁이에 불을 피울 때는 부엌에서 쓰던 헌 부채로 불을 붙이지 않았던가. 그렇고 보면 겨울 부채라고 선입견을 갖고 있는 내가 문제가 아닌가. 그렇게 이왕 꺼낸 부채이니 그냥 써야겠다. 세상에 무엇이 필요하지 않은 것이 있으랴. 때가 조금 안 맞았을 뿐이지 놔두면 다 필요한 것들 아니랴.

　부채를 펼쳐 바람을 내본다. 부채 속 내 시詩도 소리가 되어 일어나는 것 같다. 부채 바람이 가슴 속까지 맑게 해주는 것 같다. 두 개의 부채를 들고 나는 겨울에 여름 바람을 일으키고 있다. 이러다 여름이 불쑥 와버리는 건 아닐지 모르겠다.

－월간 『좋은수필』 2019년 8월호

고요, 그 후

 큰어머니 장례를 마친 후 좀처럼 마음의 안정을 못 찾았다. 뭔가 모를 큰 실수를 저지른 것처럼 심장이 벌렁댔고 무슨 경(驚)이라도 칠 것 같은 불안이 오금을 저리게 했다. 맥박도 90을 오르내리며 마구 요동을 쳤다.
 딱히 큰어머니가 가신 때문만은 아닐 수 있다. 내 신체의 바이오리듬에 문제가 생겼거나 정신적으로 내가 미처 깨닫지 못한 잠재적 스트레스가 발동했을지도 모른다.
 그런 어느 날, 마지막 면회를 마치고 나올 때 흔들어 주시던 그 손이 눈앞에서 왔다 갔다 했다. 그 손에서 아지랑이가 무언의 말들로 피어올랐다 각도를 꺾어 갑자기 내게로 달려오던 수많은 의미의 소리 없는 말들이 한순간 가슴을 먹통이 되도록 점령해버렸다. 그런데 특이하게도 그렇게 가슴이 꽉 메워졌음에도 다 비워낸 가슴처럼 시원해지는 것이 아닌가. 숨쉬기도 편해지고 몸도 순간적으로 가벼워지는 변화 앞에서 나도 모르게 눈물이 나왔다.

그러고 보니 큰어머니는 내 아버지 어머니 대의 마지막 보루였다. 삼 형제 중 중간이었던 아버지를 위시해서 아버지 3형제가 다 가셨고, 맏이였던 어머니를 비롯한 세 자매도 다 가버렸다. 그런데도 왔다가 간다는 것, 떠난다는 것의 의미가 새삼 낯설어지는 것은 나만 못 가본 길이어서일까. 수없이 내 곁을 떠나갔다. 붙잡을 수도 아니 가는 것을 알 수도 없게 살그머니 떠나가기도 했다. 그 이후의 절차나 행사는 산 자들의 체면치레일 뿐이었다. 예우라는 것도 영혼이 떠나버려 당사자는 알지도 못하는데 무슨 예우인가. 그 또한 산 자들, 살아있는 자들끼리의 위로이며 나도 떠나거든 이렇게라도 해 달라는 바람이고 요청이었다.

돌 달에 아버지, 세 살 때 어머니, 태어나기도 전에 형을 잃어버린 내게 죽음이란 이름으로 떠나간 것들에는 식상해 할 정도로 익숙해 있는 줄 알았는데 그게 아녔다. 달걀이 자기가 스스로 깨고 나오면 병아리지만 남이 깨면 프라이가 된다는 말처럼 생명 또한 스스로 나올 때 생명이고 움직임이 멈춰지면 죽음이 아니겠는가.

큰어머니의 마지막 손 인사의 의미가 자꾸만 가슴을 친다. 박자와 세기를 달리해서 가슴을 친다.

'잘 가거라. 이젠 더 못 보겠구나. 잘 살아라. 나중에 다시 보자.' 그러셨을까.

'고맙다. 와 줘서. 또 올 거지? 나 잊어버리지 말고 꼭 시간 내어 다시 보러 와라. 그래야 한 번 더 보지.'

'참 세월 빠르구나. 어느새 너도 늙었구나. 너희도 멀진 않겠다.'

문밖으로 나가며 뒤돌아보았을 때도 올려진 손은 그대로였다. 그게 마치 이승과 저승의 경계처럼 보였다. 그로부터 보름 후 아주 조용히 숨을 거두셨다고 한다.

자식도 함께해 주지 못한 이별의 길, 그때 큰어머니는 무슨 생각을 하셨을까. 당신이 배 아파 낳은 자식만도 아들 넷에 딸 하나 다섯이나 되는데 정작 돌아올 수 없는 먼 길을 가는데도 누구의 배웅도 없이 그렇게 조용하게 떠나신 것이다. 정적, 고요 침묵, 사람들은 슬픔 앞에서도 숫자를 세며 자신을 위로하기 바쁘다. 아흔넷이면 살 만큼 사셨다고, 행복하신 때도 많으셨을 거라고, 설날을 아흔네 번이나 맞으셨으니 복 있는 분이라고.

그런데 그가 가신 지금 고요만 남아있다. 그 고요 속에서 나도 그분을 따르고 있다. 내가 포함된 아주 길고 긴 행렬로, 죽음 이후 삶의 행진도 고요로이.

—계간 『문파』 2019년 8월

어떤 입양

또 일을 저질렀다. 아내 몰래 하였더니 그것도 어렵다. 어쩌면 아내는 내 이런 짓을 알고도 모른 척해 왔을지도 모른다. 집안 곳곳에서 밟히는 책들과의 전쟁이 어찌 하루 이틀인가. 그런데 사실 나도 이런 게 이해가 안 되기도 한다. 엊그제만 해도 큰 상자로 세 상자나 책을 다른 곳으로 보내주었잖은가. 요즘 내가 신경 쓰는 일도 잘 안 보는 책을 집에서 내보내는 일이다. 한 달에도 백수십 권, 하루에도 열 권 가까이 오는 책을 감당해 내지 못하기 때문이다.

교회에서 집으로 오는데 아파트 단지 쓰레기 버리는 곳에 가지런히 책이 쌓여있다. 아마도 누군가 필요한 사람이 가져가길 바라는 의도 같다. 순간 두 마음이 교차한다. 버릴 때의 안타까움과 그래도 결단해야 하는 마음이다. 나도 늘 그랬으니 일종의 동병상련이랄까.

　집에 있는 책을 떠나보내는데 늘 얼마나 마음이 아팠는지 모른다. 그걸 내 책이 되게 하기까지의 사연이 하나같이 녹록지 않기 때문이기도 했다. 내 집에는 더 이상 둘 수 없지만 누군가가 가져갔으면 하는 간절한 마음으로 벤치에 차곡차곡 올려놓고 오곤 했다. 다른 누군가의 손으로 가거나 헌책방으로도 못 가면 일반쓰레기 더미 속에서 책이 아닌 못 쓰는 종이로 생명을 다할 것이다.

　이삼십 년 전까지만 해도 주위에 헌책방이 제법 있었다. 어쩌다 눈에 띄어 들어가면 퀴퀴하면서도 결코 싫지만은 않은 책 냄새가 반기곤 했다. 손님이 오건 말건 거의 무심한 것 같은 책방 주인을 나도 무시하고 위에서 아래로 눈으로만 책을 훑어 내려가다 내게 필요한 책이 눈에 띄면 꺼내어 확인한 후 반쯤 빼놓았다가 한꺼번에 계산하곤 했다. 더러는 아무렇게나 쌓아놓은 책 더미 속에서 눈에 들어오는 책이 있을 경우의 기쁨, 그렇게 내 집으로 온 책들이 참 많다. 그런데 요즘은 그런 헌책방을 찾아보기도 힘들다. 설혹 있다 해도 들어가 보면 아이들 참고서 같은 것만 취급하기 십상이고 요즘엔 그나마도 눈에 잘 띄지 않는다. 다행으로 알라딘이나 예스24 같은 대형 인터넷서점이 중고 책방을 열어 놓긴 했지만 작고 허름한 헌책방에서의 분위기와는 완전히 다르다.

  내게서는 읽히지 않는 책이지만 분명 누군가는 아주 간절히 갖고 싶은 것일 수 있다. 그렇지 않더라도 공짜로 그만한 책을 얻을 수 있다면 가져갈 사람도 있을 것이다. 해서 그렇게라도 입양을 보내고 싶은 마음으로 바로 버리지 않고 눈에 띄어 가져가길 바라는 행동을 하는 것이다.

  오늘 내 눈에 띈 책들은 문학사 같은 전문적 서적이다. 누굴까. 궁금했다. 이런 종류의 책을 소유했던 사람이라면 필시 문학 관련 전공자임이 틀림없다. 정말 궁금했다. 해서 몇 권의 책을 찬찬히 펼쳐봤다. 밑줄을 긋고 느낌도 간간이 적어놓으며 공부한 흔적이 주인을 말해주고 있었다. 어? 이름이 있다. 알 만한 사람이다. 소설가이고 문학 박사인 K 선생이다. 그가 나와 한마을에 살고 있었다는 것은 몰랐다. 반갑기도 하고 서울이란 곳이 이렇구나 싶어 입맛이 씁쓸해지기도 했다. 그의 체취가 묻은 몇 권의 책을 그의 마음까지 담아 가슴에 안고 왔다. 내게는 없는 책, 부분부분 내게 필요한 내용이 있음을 확인하고 횡재한 기분으로 집으로 가져왔다. 그런데 기쁜 반면 이 쓸쓸해지는 묘한 기분은 또 뭔가. 문우들이나 문단 선배들을 만나면 하나같이 소장한 책들의 처리를 고민하고 있다. 대학도서관도 받아주는 곳이 없다. 손안의 사전으로 휴대폰 하나면 모든 것이 다 해결되는 것으로 알고 있는 젊은 세대들에겐 이런 유의 책은 아예 관심도 없을 것이다. 그들은 결코 헌책에서 나는 향기로운 책 냄새를 알지 못한다. 그 가슴 충만한 향기로움을 느낄 줄이나 볼 줄도 모른다.

내가 초등학교에 다닐 때는 교과서도 물려주고 물려받았었다. 책 표지를 싸서 공부했던 내 책은 누구 책보다도 깨끗해서 서로 가져가려고 했다. 지금 생각하면 웃을 일이지만 난 책을 깨끗이 봐야만 하는 줄 알았다. 하니 책이 깨끗할 수밖에 없었다. 전과나 수련장 같은 것은 사볼 엄두도 못내 친구에게 잠깐씩 빌려보거나 숙제를 위해 그의 집으로 가서 신세를 지기도 했다.

한 아름의 오래된 책들을 가슴에 안고 집으로 오면서 아내에게는 들키지 말아야지 조심스레 문을 열었다. 그리고 조용히 아무 일도 없는 것처럼 내 서재 한쪽에 내려놓았다. 내게는 꼭 필요한 책들이다. 지금은 어디 가서도 구할 수 없는 2, 30년이 넘은 책들이다.

내 책 중 헌책방에서 입양해 온 책들은 특히 내가 사랑하는 것들이다. 한 때는 카뮈 등의 작품집을 찾아 헌책방을 뒤지고 다닌 적도 있었다. 김화영 번역으로 된 것만 찾다 보니 쉽지 않았지만 그걸 얻었을 때의 기쁨은 뭐로도 형용키 어려웠다. 그렇게 입양해 온 책들인데 얼마 전엔 나도 꽤 많이 남에게 넘겨줬

다. 하지만 이제는 그냥 버려야 할 때다. 내 좋다고 남도 좋아할 리도 없겠지만 그렇게 귀히 여겨줄 만한 이도 없다. 내 나이쯤에선 버리는 것을 더 고민해야 할 때이기 때문이다. 내 대에서 나에게서 끝내야 하는 나만의 사랑일 수밖에 없다.

얼마 전 돌아가신 문단 원로 선생님께선 늘 책 걱정을 하셨다. 자식들이 교수여도 전공이 달라 당신의 책은 아무도 필요도 관심도 갖지 않는다는 것이었다. 희귀본도 많고 옛날 책들이라 구할 수도 살 수도 없는 것들이건만 그걸 받아주고 맡아줄 사람도 장소도 없다고 걱정하셨다. 그 책들은 어찌 되었는지 모르겠다. 옛날 같았으면 귀찮게 해서라도 나 달라고 했을 것이다. 선생님이 떠나버린 지금 새삼스레 찾아가 그 책들 어떻게 되었느냐고 물어볼 형편도 못 된다.

어하튼 나는 열 권이 넘는 책을 집으로 가져와 꽂을 장소를 찾고 있다. 가져온 만큼 내게서도 떠나보내야 할 책을 선정해야 한다. 그래야 내 책장도 탈이 나지 않는다. 일부러 맡지 않아도 코끝으로 스며드는 헌 책 냄새, 나는 그게 고향 냄새 같아 좋다. 어머니 냄새 같진 않지만 싫지 않은 냄새 이것도 병이라면 병일까. 나는 그렇게 또 아내 몰래 가족을 만들었다. 아내가 제발 이번 일은 몰라주었으면 좋겠는데 글쎄다. 하지만 난 기쁘다. 그리고 그걸 내게로 보내준 K 선생이 고맙다. 언제 만나게 되면 슬쩍 그 이야기를 하며 동병상련의 아픔과 슬픔을 나누어야겠다. 하지만 이번으로 끝날 것 같지 않은 이 입양 병을 어쩌면 좋은가.

—『강남문화』 2019년 11월

2.
뒹굴다 보니

한 번 펼쳐 대충 제목만 훑어본 신문이며 다시 읽어볼까 하고 쿡 찢어 떼어낸 낱장 신문지가 몇 장 접혀있고 어디서 전화라도 오면 일어나기 싫어 손 가까이 둔 전화기까지 내 이틀은 그야말로 나만을 위한 내버려 둠의 시간이다. 그러고 보니 내 삶 속에서 쉼을 가져보겠다고 생각했던 게 어느새 십 년도 넘어버렸다.

산다는 것은

 생각지도 않은 코로나19로 온 세계가 삶의 중심을 잃고 있다. 한고비 넘겼다는 나라도 있지만 휴화산처럼 불안해 보이는 나라들도 여전히 있다. 그나마 우리나라는 고비를 넘긴 것 같기도 하고 비교적 안정세로 돌아가고 있어서 안도의 한숨을 내쉬게 된다. 하지만 사람의 목숨들이 이렇게 허망하게 가버릴 수 있다는 것이 믿어지지 않을 만큼 안타깝다. 한 나라에서만도 하루 1천 명의 목숨이 날아가는 뉴스를 접하면서 삶과 죽음의 경계가 어디일까를 다시 생각해 보게 되었다.
 그간 아무렇지도 않게 맞이하고 보냈던 우리의 일상이 얼마나 소중한 것이었는지를 깨닫는 계기도 된다. 물론 살아있는 모든 것은 다 죽는다. 그러나 그 죽음조차도 현재의 나와는 아주 먼 거리에 있다고 착각하며 살아왔다. 내 불행이 아니라면 나와는 아무 상관도 없는 것들로 생각했다. 한데 금년 2월로부터 3월, 4월까지 뉴스를 점령하고 있는 가장 큰 사건은 속수무책으로 퍼져가는 바이러스의 감염이었고 그로 인해 죽어가는 사람들이었다. 그 어떤 전쟁에서도 이렇게 사람이 무참히 죽어가진 않았다.

세계 최고의 부를 자랑하는 미국에서 휴지를 사재기하고 당장 먹을 것이 없게 만드는 이 참담함과 황당함을 어떻게 설명할 수 있는가. 세계 최강의 군사력을 자랑하는 항공모함조차도 바이러스 앞에서는 어쩔 수가 없잖은가. 사람에게 가장 무섭고 두려운 것이 죽음이지만 그 죽음조차도 막거나 연장하겠다는 과학과 의학이 최고의 경지에 와 있다고 거만을 떨어왔다. 병든 부위를 교체하고 암세포는 죽이면서 과학 만능, 의학 만능을 서로 자랑했다. 머잖아 모든 질병을 다 정복할 수 있다고 장담했다. 한데 이렇게 바이러스 앞에서 인류는 너무나도 나약한 존재임을 너나없이 만천하에 시인하고 말았다.

사람을 비롯한 생명 있는 모든 것에겐 너나없이 분명한 것이 있다. 누구나 모두 죽는다는 것이요, 누구나 혼자서 죽는다는 것이요, 누구나 죽을 때는 아무것도 가져갈 수 없다는 것이다. 하나 더 있다. 언제, 어디서, 어떻게 죽을지도 모른다는 것이다. 그러니 죽음만은 정복될 수 없는 영역으로 항시 대비해야 하는 것이 생명 있는 것들 특히 사람에겐 더욱 필요하다는 것이 진실이다.

　산다는 것은 여행과 같다고들 한다. 하지만 여행이 여행다울 수 있고 특히 행복하고 즐거운 여행이 되려면 전제조건이 있다고들 말한다. 좋은 여행을 하려면 우선 짐을 가볍게 하라고 한다. 좋은 동행자와 가라고 한다. 그리고 거기에 필히 다시 돌아갈 집이 있어야 한다고 했다. 그러니 사는 것이 여행이 되려면 너무 가지려 욕심내지도 말고 함께하는 사람에게는 내가 먼저 좋은 사람이 되어주되 돌아갈 집처럼 언젠가는 나도 분명히 죽음 저편의 본향으로 돌아가야 한다는 생각부터 해야 한다는 것이다.

　이번 코로나 사태를 통해 우리는 격리라는 이름으로 자유를 반환했었고 값없이 누리던 일상의 삶은 크게 제한을 받았다. 그러면서 원하건 원하지 않건 비로소 우리가 일상으로 누리던 그것들이 얼마나 소중하고 아름답고 귀한 것인지를 뼈저리게 느꼈다.

　산다는 것은, 누린다는 것은 그냥 축복이나 선물 정도가 아니라 엄청난 기적이었다. 삶도 단순히 누리는 것이 아니라 받는 선물이었다. 잘 받아 잘 써야 하는 것이었다. 당연히 주어지는 것이 아니라 내게만 내려진 특별한 은총이요 기적의 축복이었다. 그런 만큼 이런 삶을 더더욱 소중히 아름답게 유지하고 가꿔가고 누려가야 할 사명과 책임까지 느낀다. 그렇다면 오늘 내가 그런 행복을 값도 없이 받아 누리고 있었음을 어떻게 얼마나 더 기뻐하고 즐거워하고 감사해야 할까. 산다는 것은 한 번도 가보지 못한 길을 가는 것이지만 그럼에도 이렇게 잘 가고 있다는 것은 거대한 어떤 힘이 분명 나를 아름답게 인도하고 허락하는 기적의 축복임이 분명한 것을 비로소 알게 된다.

산다는 것은 못 가본 곳을 가보는 것이 아니라 안 가본 곳을 미지의 힘 안내를 받아 가는 기적 같은 축복의 길이다. 그 길에서 만나고 사랑하고 나누고 베풀며 삶이라는 꽃과 열매, 음악과 문학을 만들어가는 것이 아니겠는가.

-월간 『수필시대』 2020년 4월호

뒹굴다 보니

모처럼 아주 모처럼 내리 이틀을 집에서 뒹굴었다. 펑펑 늦잠을 자고 아점을 먹고 또 드러누워 책을 보다가 졸다가 했다. 얼마나 오랜만에 가져보는 이런 시간인지 모른다. 마침 아내도 아침 일찍 어디론가 자기 일을 찾아 나가버렸다. 혼자 거실에 드러누워 이것저것 손에 닿는 책들을 펼쳐보다 마음에 안 들면 리모컨으로 T.V를 켰다가 그것도 시원찮으면 꺼버리고 다시 책을 골라보는 나만의 유유자적한 시간이다.

하루에도 몇 권씩 배달되어 오는 책들을 겨우 봉투만 뜯어 쌓아놓은 채 그들의 정성과 사랑과 아픔을 잠시 헤아려보기도 하지만 어찌 작가의 감격이나 보람에야 미칠 수 있겠는가. 그런데 누워있으니 쌓아놓은 책들의 제목이 눈에 잘 보인다. 나도 잡지를 위해 원고청탁부터 편집까지 다 하는 처지라 그 어려움을 너무나 잘 아는데 저 많은 잡지들이 끊임없이 나오고 있다는 사실에 새삼 존경심이 솟는다. 그리고 살아있는 작가의 모습으로 보내져 온 작품집들을 보며 또 놀란다. 작가가 글을 쓰는 것은 의무일까 사명일까. 그것도 아니라면 숙명일까 버릇일까. 한 번 펼쳐 대충 제목만 훑어본 신문이며 다시 읽어볼까 하고 쿡 찢어 떼어낸 낱장 신문지가 몇 장 접혀있고 어디서 전화라도 오면 일어나기 싫어 손 가까이 둔 전화기까지 내 이틀은 그야말로 나만을 위한 내버려 둠의 시간이다. 그러고 보니 내 삶 속에서 쉼을 가져보겠다고 생각했던 게 어느새 십 년도 넘어버렸다.

 2008년 나는 퇴직할 나이를 3년 넘어 남겨두고 직장을 그만두었다. 매여있는 삶에서 조금은 자유로워지고 싶었고 정년을 맞이하면 하고 싶은 일이 무엇일지 정확히는 모르겠지만 진짜 하고 싶은 일을 해보자고 한 것이었다. 아내는 그런 내 결정에 무조건 환영이었다. 다른 건 다 그만두고라도 한 2년쯤만 같이 여행을 다니자고 했다. 그도 좋을 것 같았다. 목적지도 없이 떠나는 그런 여행을 하다 집이 그리워지면 돌아오고 다시 싫증이 나면 떠나면 되는 그런 날을 2년쯤만 갖자고 했다. 한데 그것도 마음대로 되지 않았다. 물론 내 결심 문제였겠지만 명예퇴직일 며칠을 남기고 있는데 어떻게 소식을 들었는지 문학 강의를 해보지 않겠느냐는 요청이 왔다. 물론 직장에 나가면서도 강의를 했었기에 일주일에 하루쯤이야 괜찮겠다 싶어 허락했고 퇴직 다음 주부터 강의를 하게 되었다. 그런데 그 하루라는 것이 그냥 하루가 아니었다. 하루 아니 한 시간을 위한 준비도 그렇고 그 하루가 앞뒤의 날들에 운신의 폭을 좁혀버린 것이다. 그러다 보니 이왕 내킨 김이 되어버렸고 그래 한 강좌를 더 맡게 되고 지방에도 불려가고 특강도 하고 문학상 심사審査도 하다 보니 직장에 있을 때보다도 더 시간에 쫓기게 되었다.

　직장은 정해진 시간에 출근하고 퇴근하면 되는데 이건 스케줄 관리까지 해야 하는 묘한 상황이 되어버렸다. 아내는 뭐 하는 짓이냐고 했다. 그렇게 보내버린 시간이 어느새 10년도 더 훌쩍 지나버린 것이다. 그사이 그만큼 더 늙어버렸고 몸에선 여기저기서 힘들다는 신호를 마구 보내왔다. 사실 쉰다는 것은 할 일이 없어서가 아니라 하던 일을 놓고 멈춘다는 것이니 어차피 쉬고 나면 더 바쁘게 그 일까지 해야 하는 것이다. 그래도 힘을 보충하여 더 잘 할 수 있다는 장점은 있다. 일 자체를 줄이지 않으면 일속에서 허덕일 수밖에 없는 것이고 잠시 미뤄둔 것은 어차피 해야 할 일이니 쉰다는 말보다는 잠시 멈춤일 것이다. 그럼에도 이렇게 뒹굴뒹굴하는 것은 여간 좋은 게 아니다. 우리말에 등 따습고 배부르면 최고라는 말도 있지만 이리 뒹굴 저리 뒹굴 하다 눈꺼풀이 무거우면 그냥 감으면 되고 배고프면 일어나 적당히 요기를 하고 심심하면 텔레비전을 켜는 이런 망중한이 참으로 좋다. 이 나이 되도록 살아오면서 과연 이런 시간을 몇 번이나 얼마나 가져보았을까. 늘 긴장되고 조급한 마음으로 살아왔던 날들이었다. 나만이 아니라 가족이라는 공동운명체를 위해서 쉴 수도 없던 시간들이었다. 아프지 않으면 움직여야 하는 시계추 같은 삶, 그렇게 살아있음을 증명해야 했었다. 하지만 그것도 얼마나 '호강에 초친' 말인가는 자유롭게 움직일 수 없게 되었을 때 크게 뉘우치게 되었다.

　나는 본의 아니게 네 번의 크고 작은 수술을 받았다. 요즘 같으면 큰 수술도 아닐 수 있지만 삼사십 년 전에는 그렇게밖에 할 수 없었다. 다섯 시간에서 여덟 시간의 수술 후에 일주일에서 열흘의 병원 생활로 누워있는 시간은 결코 쉬는 것일 수 없었다. 정신은 멀쩡한데 몸은 어쩔 수 없는 상황에서 누워있는 것 자체로도 큰 노동이었다. 그 답답함과 지루함은 무엇으로도 해결이 안 되었다. 그때 제일 하고 싶은 게 땀을 뻘뻘 흘리며 일을 하거나 마음껏 뛰어보는 것이었다. 걷고 싶을 때 걷고, 뛰고 싶을 때 뛰고, 하고 싶은 일을 하는 것이야말로 가장 큰 축복이란 생각이 들었다. 새삼 그때를 생각하니 지금 내 이런 것도 얼마나 치기 어린 것인가 싶어 미안해지고 부끄러워지지만 그래도 이런 시간을 즐길 수 있다는 것에 내심 감사하지 않을 수 없다.

내일모레는 K시로 강의를 가야 한다. SRT를 타고 나주까지 가서 거기서 버스로 이동하여 K시 강의실로 가야 한다. 요즘의 내 체력으로는 분명 힘이 들겠기에 사실 이틀의 내 이런 시간이 더욱 소중하다. 그러고 보면 삶이란 톱니바퀴처럼 정교하게 물려 돌아가고 이어지고 있는 게 분명하다. 어쩜 지금 쉬는 이 시간도 어떤 보상일 수 있겠고 아니면 더 열심히 살아야 한다는 전진을 위한 일 보 후퇴일 수도 있겠다.

갑자기 배가 출출해진다. 무엇이든 먹어야 할까 보다. 이렇게 아무것도 안 하고 뒹굴고 있는데도 배는 고프니 그 또한 신기하다. 어쨌든 오늘은 맘껏 뒹굴며 오랜만의 망중한을 즐기고 싶다. 내 인생의 특별휴가, 나만의 시간, 오늘은 내 날이다. 이런 날이 언제 또 오기나 하겠는가.

—『강남신문』 2020년 3월

아·프·다

 아프다. 아니 아리다. 생각 없이 T.V를 켰는데 뜬금없이 영화란다. 왜 이 시간에 영화일까. 아마 코로나로 인해 제작상 공백이 생겨 영화를 보내주나보다 생각했다. 한데 영화 〈생일〉? 내용을 들어본 것 같기도 한데 보질 않았으니 정보는 없다. 그리고 영화를 봤다. 세월호 그 후의 이야기였다. 지난해 4월 그러니까 세월호 5주년에 맞춰 개봉했는데 내가 미처 보지 못했던 것 같다.

 그러고 보니 4월이구나. 코로나로 '4월은 잔인한 달'이란 시구조차 잊었다. 잔인한 달이라기보다 금년 4월은 너무 힘들고 두려운 달이었다. 그런데 영화 〈생일〉이 보여주는 4월의 기억은 더 아리고 안타깝고 쓰렸다.

 가족 중 하나가 갑자기 사라진다는 것, 그건 경험해 보지 않으면 그게 어떤 것인지 절대 알지 못한다. 그 아픔 슬픔 고통 절망의 크기를. 영화를 보면서 참 미안했다. 영화관에 가서 표를 끊고 영화를 봐주지 못한 것이 정말 미안했다. 그리고 그 수많은 날들을 잊을 수 없는 기억과 싸우며 견뎌야 했던 많은 사람들의 상처에도 내가 너무 무심했구나 하는 생각에 나도 모르게 얼굴이 뜨거워졌다.

나는 이곳저곳이 많이 아팠다. 수술도 몇 번이나 받았는지 모른다. 양방 한방을 오가며 지금도 여전히 '아프다'를 입버릇처럼 달고 산다. 겉은 누구보다도 멀쩡한데 허리 때문에 아무나 앉는 바닥에도 오래 못 앉고 서서 있는 것도 힘들어하고 무언가 일이라고 조금 하면 이내 지치고 다음 날 못 일어난다던가 여하튼 영 변변치 못한 사람이다. 골골 백 년이라고 그런 사람이 오래 산다는 말도 있지만 삶 속에서 좀 당차고 강하게 살았으면 좋겠는데 그게 잘 안 된다. 그런데 그런 내 아픔과는 본질적으로 다른 아픔을 겪는 수호네 가족, 정일 순남 그리고 예솔에겐 소리 내어 울 수도 없는 슬픔 같은 아픔이 가슴들을 답답하게 꽉 채우고 있었다.

2014년 4월 16일 304명의 푸른 영혼들을 차가운 바다에 가라앉혀버린 그 날로부터 어느새 만 6년이란 세월이 흘렀다. 그러나 순남의 시계는 그날로 멈춰버렸다. 하필 그 어려운 때에 정일은 베트남에 있으면서 그것도 자유로운 몸일 수도 없어 본의 아니게 가족들에게 올 수도 없게 되었다. 이런 정일의 아픔도 아픔이겠지만 아빠가 되어 아무것도 하지 못한 것에 대한 원망과 서운함으로 가득한 순남에게 정일은 결코 용서될 수 없는 존재였다. 오로지 죽은 오빠만을 생각하는 엄마를 보며 쓰린 속을 스스로 쓸어안는 어린 예솔을 보는 것도 안타깝고, 혼자만 그 모든 슬픔을 끌어안고 벗어나지 못하는 순남도 안타깝긴 마찬가지다.

아프다는 것은 주위를 돌아볼 엄두를 못 내게 한다. 아픔이 눈도 가리고 귀도 막고 생각도 막아 극도로 이기적으로 만든다. 숨 막힐 것 같은 고통 그리고 어디가 어떻게 아픈지도 분간할 수 없는 통증에 스스로 자지러지며 울음을 삼키는 아픔이 바로 홀연히 내 곁을 떠나버린 영혼을 보낸 자의 증상이다.

그날 왜 나는 수호의 마지막 전화를 받지 못했을까. 그걸 받았다 해도 뭐가 달라지는 거는 없으련만 그럼에도 그게 너무나도 큰 한이 된다는 순남 자신에겐 용서할 수도 씻을 수 없는 죄가 된다. 계절이 바뀌면 입지도 못할 수호의 옷을 사다 걸어놓는 순남, 빈 쇼핑백을 바라보며 그런 엄마를 쳐다보는 예솔의 젖은 눈과 가슴, 그런가 하면 꿈속에까지 나타나 어머니 순남 씨와 동생 예솔을 부탁한다던 아들을 생각하며 가족에게 돌아온 정일이지만 냉랭하기만 순남의 태도, 영화는 그렇게 2014년 4월 이후의 남겨진 이야기들을 가슴으로 전해왔다. 얼마나 물에 대한 공포가 컸으면 어린 예술이가 집의 욕조에도 들어가지 못할까. 그런 것을 모르는 아빠가 갯벌 체험 현장에서 갯벌에 못 들어가는 딸을 안고 들어가려 하자 발버둥을 치며 거부한다. 그리고 아빠에게 "엄마한텐 비밀이야!"로 입에 손가락을 대는 장면은 어린 가슴이 얼마나 큰 상처 아니 흉터를 지니고 살고 있는가를 말해주고 있었다.

그런 상황 속에서 떠나간 아이들의 생일을 챙기며 그를 기억하는 자리를 만들고 있는 이들이 있었다. 그리고 정일의 동의로 수호의 생일을 맞이하게 된다. 그 자리에서 수호를 기억하는 일들이 하나씩 펼쳐지며 이 세상에 왔다가 가버린 사람 누구도 이렇게 기억되는 존재라는 것을 상기시켜 주는 영화이기도 했다.

이미 다들 성장해 가정을 꾸리고 사는 내 아이들 남매에게도 나 또한 못 해 준 것만 기억되고 그때 조금만 더 마음을 써주었더라면 지금보다는 더 나은 삶이 되지 않았을까 하는 후회와 아쉬움이 있다. 사람은 그렇게 지나버린 것에 안타까움을 갖는 존재인 것 같다. 정일의 마음 또한 그렇지 않았을까.

순남의 슬픔이나 아픔과는 다른 정일의 슬픔과 아픔, 그는 왜 생일을 하려고 하느냐는 순남의 물음에 "해 준 게 하나도 없잖아! 내가." 하며 울먹인다. 나도 그 마음이 이해되어 그가 더욱 안타까웠다.

아프다는 것은 바깥으로 나타나는 현상이기보다는 안으로 느껴지는 감정일 것이다. 그래서일까. 영화 <생일>을 보는 내내 안에서의 아픔들이 그림자처럼 달라붙어 있는 것이 느껴져 마음이 아팠다. 저런 생일 기억하기가 얼마나 더 이어질 수 있을까. 그리고 그것에서 어떤 의미를 더 찾을 수 있을까. 한 줌 재로 변해 버린 죽음을 살아있었음으로 존재했었음으로 기억하려 하는 애씀들도 세월이 가면 식어지고 옅어지지 않던가. 그러나 옅어지지도 식어지지도 않는 기억들도 있다. 어쩌면 수호를 비롯한 영화 <생일> 속 아이들이 그럴지도 모른다. 그들의 살아있는 친구들을 보는 것으로도 그들이 보이고 해마다 4월이 오고 또 그의 생일이 돌아오는 것으로도 그들이 보일 테니 말이다. 그러니 아프다. 아플 것이다. 더 많이, 더 오래, 더 깊이, 하지만 그 아픔과 함께 살아있는 사람들의 삶도 이어질 것이다. 그림자와 함께 사는 것처럼.

—계간 『수필세계』 2020년 여름호

애인을 찾습니다

한 5년쯤 된 것 같다. 비상용으로 가방에 넣고 다니라며 아주 작은 명품 우산을 하나 선물 받았다. 3단이나 되어 펼치면 아늑함이 느껴질 만큼 넓기도 하지만 가벼운데다 접으면 부피가 보통 우산의 반도 되지 않았다. 쓰면 쓸수록 정이 가는 물건이어서 나름 애지중지했다. 혹시라도 잘못하여 잃어버릴 수도 있기에 아무 때나 가져가진 않았다. 선물한 지인의 말처럼 비상용이었고 애인 다루듯 했다.

일기예보에 비가 올 것 같다고는 하는데 햇볕이 나는 그런 날은 꼭 가방 속에 넣고 나갔다. 그러니까 가지고 다니면서도 사용한 것보다는 사용치 않을 때가 더 많았지만 부피감도 무게감도 없어 좋았다.

문학기행이 있어 출발을 서두르는데 비가 내리고 있었다. 이런 날엔 잃어버려도 좋을 만한 우산을 쓰고 나가는 게 제격인데 하필 그 우산이 손에 잡혔다. 급한 김에 그걸 들고 나갔다. 큰비는 아니지만 우산을 펴지 않고는 갈 수 없었다. 전철역까지 가서 차를 기다리는데 신발 끈이 느슨해져 있었다. 배낭을 내려놓고 우산도 접어 의자에 놓은 채 신발 끈을 조이고 있는데 차가 오자 일어나면서 배낭만 메고 차에 올라버렸다. 갈아탈 역에서야 우산을 놓고 온 걸 알았다. 시간 여유도 있고 한 정거장 거리라 되돌아갈까 하다가 내려서 반대편으로 가야 하는 것을 생각하곤 포기했다. 비 오는 날인데 그 자리에 그게 남아있으리란 가능성도 거의 없는 것 아닌가.

비 오는 날 우산을 주운 그는 횡재했다고 하겠지만 내 마음은 그렇지 않았다. 잘 가지라며 그도 그렇게 사랑해 주라고 마음을 추슬러 보지만 기분은 흐림을 넘어 먹구름이다. 오랫동안 사귀며 사랑하던 사람이 홀연히 떠나버린 것 같은 안타까움과 배신감까지도 들었다. 내 잘못으로 떠났는데도 그가 원망스러운 것처럼 우산을 잃은 내 기분이 그랬다. 잃는다는 것은 내가 의도하지 않았는데 내게서 없어져 버린 현상이지만 빼앗긴 것보다 더 속상하고 마음이 아픈 것은 그를 너무나 사랑했다는 이유에서일까.

난 무언가를 자주 잃어버리는 편은 아니지만 어디 둔 것인지를 몰라 찾느라 애를 먹는 때가 많다. 해서 자주 쓰는 것은 가능한 나만의 지정된 곳에 두려 한다. 그래야 찾는데 허비하는 시간을 줄일 수 있기 때문이다.

길을 가다 보면 전신주나 가로등 기둥에 찾는다는 글들이 붙어있는 것을 자주 본다. 강아지를 찾는 게 가장 많은 것 같은데 요즘 들어선 과외생 모집이나 급매물 안내도 자주 본다. 더러는 할머니를 찾는다거나 아이를 찾는 것도 있지만 이렇게 대놓고 찾을 수 없는 경우도 있을 것이다. 이를테면 내 사람이요 나만의 사랑인 것으로 알았는데 그 사랑하는 사람이 떠나버린 경우 제 발로 떠난 것을 어디 가서 찾을 수가 있겠는가. '애인을 찾습니다' 하고 광고를 할 수도 없잖은가.

달포 전 아픈 허리에 운동이 좋다고 해서 헬스회원 가입을 하고 두 번째 나갔을 때다. 안경을 거울 앞에 벗어놓고 샤워를 하고 나와 보니 안경이 없어져 버렸다. 안경이란 개개인에 맞춰진 것이라 잘못 가져갔으면 가져오겠거니 하고 기다려봤다. 그러나 하루 이틀 사흘이 지나도 돌아오지 않았다. 안경이란 거의 비슷해서 자칫 자기 것인 줄 알고 가져갈 수도 있겠기에 간곡하고 절실한 그러면서 기분 상하지 않도록 '안경을 찾습니다.' 하는 문구를 거울 앞에 써서 붙였다. 하지만 1주일이 지나고 2주일이 지나도 감감무소식이어서 떼어내고 말았다. 할 수 없이 사십여만 원을 들여 안경을 다시 했지만 영 씁쓸한 마음을 지울 수가 없었다. '안경을 찾습니다.'란 문구가 만일 내 안경을 가져간 사람에게 보였다면 양심에 아프게 다가갔을 것인데 그날 이후로는 나오지도 않는지 반응도 없었다.

젊을 때 나도 좋아하는 사람이 있었다. 문득 그 사람은 어디서 어떻게 살고 있을까 궁금해질 때가 있다. 이 나이에 만나면 뭐 하겠는가마는 내가 좋아했던 사람은 어찌 살고 있는지는 새삼 궁금 거리다. 서로 늙어 아무 감정도 없을 테니 한 번 '그때의 애인을 찾습니다.' 하고 광고라도 내볼까. 하지만 그 또한 잃어버린 내 안경이나 우산처럼 소용없는 일일 것 같다. 남의 사람이 되어 반백 년이나 살았을 텐데 내가 자기를 좋아한 것이나 기억할까, 아니 내가 좋아했다는 것을 알기나 했을까.

오늘도 비가 내린다. 우산을 가져가야 하는데 잃어버린 우산 다음으로 아끼던 우산을 요즘은 곧잘 갖고 다닌다. 이것도 선물 받은 거다. 이 우산을 가져가는 것은 혹시 내가 그랬던 것처럼 내 우산을 가져갔던 그 사람이 나처럼 의자에 놔두고 가서 나와 다시 만날 수는 없을까를 기대해 보는 때문이다. 그리고 보면 5년이 지났는데도 나는 아직 애인을 찾는다고 하며 우연의 기적을 바라고 있나 보다. 사람들은 그렇게 기적 같은 우연을 바라고 사는 게 아닐까. 아니 어쩌면 사람들은 세월이 흘러도 '애인을 찾습니다.' 같은 광고 문구 하나씩 추억처럼 가슴에 품고 사는지도 모른다. 오늘은 비가 내리지도 않는데 그때의 우산을 기다리기라도 하듯 그 의자에 앉아본다. 애인을 찾습니다.

―『계간수필』 2019년 여름호

못생겨도 맛은 좋아

지난가을이었다. 비가 온 뒤끝이어서인지 땅이 너무 질었다. 하지만 남들은 다 캤다며 재촉하시는 구순의 장인어른 말씀을 거역할 수 없어 아내와 나는 고구마 덩굴을 걷어내고 질척한 된 땅에서 삽으로 고구마를 캐기 시작했다.

그런데 크기가 호박만 한 고구마가 딸려 나오지 않는가. 하지만 크다고 좋아하긴 일렀다. 큰 만큼 생긴 모양이 어찌나 흉측스러운지 마치 괴물 같았다. 커다란 진흙 덩이를 아무렇게나 뭉쳐 주물러놓은 것 같은 모양에 아무리 봐도 고구마 같지 않은 고구마를 캐어 들고 망연자실했다. 크기는 또 왜 이렇게나 크담. 아내와 나 그리고 처제 내외가 캐낸 고구마들은 하나같이 크고 못생긴 것들이다.

토질 때문일까, 종자가 이런 걸까. 그러나 지난해까지만 해도 얼마나 맛있고 잘생긴 고구마를 캤던가. 한데 올해 들어 왜 이런 돌연변이성 고구마인가. 진흙 범벅이 된 고구마를 수돗가에 쏟아놓고 일일이 물로 씻어내는 일도 고역이었다.

사실 몇 년째 고구마를 심어오면서 내년에는 절대로 심지 않겠다고 다짐하곤 했었지만 꼭 때가 되면 장인어른께서 고구마 순을 사다 놓고 심을 밭까지 정리해놓으시곤 고구마 심으러 오라고 전화를 하시곤 했다.

값으로 따지면 정말 비싼 고구마다. 서울에서 한 상자만 사면 실컷 먹을 텐데 노동력은 차치하고라도 왔다 갔다 하는 시간에 차량의 기름값만도 만만치 않은 상황이다. 거기다 일한답시고 거나하게 먹고 또 모처럼 왔으니 두 노인네 용돈 드리고 냉장고 열어보고 이것저것 채워드리고 오면 정말 황금값 고구마가 된다. 하지만 노인네가 이렇게 움직일 수 있으시다는 게 얼마나 감사한가. 또 그리해야 자식들 얼굴 한 번이라도 더 보실 것 아닌가. 해서 못이기는 척 내려가곤 한다.

사실 처가 쪽 6남매에 얼마큼 나누다 보면 정작 우리 몫은 별로 남지 않는다. 그래도 지난해엔 몇 집에 조금씩 나눠줄 수도 있었는데 이번 것은 주었다가는 숫제 모욕이 될 것 같다. 결코 사람이 먹을 음식 같아 보이지 않기 때문이다.

못생긴 것 몇 개를 씻어 솥에 쪄봤다. 어떤 것은 심이 박힌 것도 있지만 워낙 커서 칼로 잘라 찐 한 조각을 먹어보니 맛이 기가 막히다. 막 쪄서일 수도 있겠지만 팍팍하지도 너무 물렁거리지도 않게 적당히 잘 쪄진 고구마는 참으로 맛이 좋았다. 문득 외모로 모든 것을 평가하는 요즘 사람들과 나도 결코 다르지 않다는 생각이 들며 고구마에 심히 미안해졌다.

그리고 보면 내가 고구마에게 해 준 것이 무엇이 있는가. 더구나 금년엔 고구마를 심으러 내려갔다가 비닐까지 씌우고 고구마 순을 꽂으려는데 비가 쏟아져 작업을 중단해야 했고 우린 시간을 더 낼 수가 없어 심는 작업은 구순이 넘으신 장인어른께서 며칠간 아침마다 하셨다. 그러니 이번 것은 나는 아무것도 한 것이 없는 셈인데 그러고도 수확을 하겠다고 와서 잘 생겼느니 못생겼느니 하고 있으니 참 염치도 없다.

하니 금년 고구마 농사는 장인어른과 하늘이 지은 것인데 감히 구시렁대고 있으니 어르신 귀가 어두워지신 게 그나마 다행인지 모르겠다.

요즘 세상은 그저 외모지상주의다. 죄를 지었어도 예쁘다고 용서해 주라는 참으로 별난 세상에서 산다.

얼마 전 교회의 주일 설교 중에 금방 지나간 사람이 또 지나가는데 그사이 옷이 바뀌었더란다. 한바탕 웃고 말았지만 얼굴을 하도 많이 다듬고 고치다 보니 이 사람이 저 사람 같고 저 사람이 이 사람 같아 보인다. 그렇다고 마음 씀이나 생각까지 같을 순 없겠지만 자기 개성이 무시되고 일반적인 아름다움만 추구하다 보니 가만히 보면 모두가 비슷비슷한 사람이다.

고구마가 맛만 좋으면 되었지 예쁘면 어떻고 그렇지 못하면 어떠랴만 사람의 눈은 무엇이건 내면의 가치나 맛보다도 외형의 모양을 먼저 따진다.

그 영향은 실버세대에까지도 미치는 것 같다. 늙으면 늙음에서 오는 품위와 격이 있기 마련인데 그런 건 아예 생각지도 않고 숫자적이고 외형적으로 늙었다는 것만으로 힘없는 사람, 아무것도 할 수 없는 사람, 필요 없는 사람으로 소외시킨다. 속된 말로 '저희는 안 늙을 건가.'이지만 현실은 그저 자기네들만 주인공이고 대단한 존재요 흘러가고 지나간 세대는 아무것도 아닌 양 생각한다.

세상은 결코 현재만으로 이뤄지는 건 아니다. 과거를 바탕으로 하는 현재일 때 좋은 미래도 온다. 우리 밭의 고구마처럼 못생겼어도 맛이 좋은 것이 세상엔 많다. 눈에 보이는 아름다움보다도 내면 깊이에서 우러나오는 향기로움과 맛깔스러움을 볼 줄 알고 사랑할 수 있는 지혜로움이 아쉽다.

고구마를 다시 한 입 입에 넣고 먹다 보니 지난해의 잘생긴 고구마 맛보다도 한결 좋은 것 같다. '못생겨도 나는 좋아.'라는 노랫말도 있지만 오늘 나는 '못생겨도 맛은 좋아.'이다. 고구마야 미안하다. 내가 너의 참가치를 몰라봤고 너의 진실을 무시했구나. 그렇게 생각하고 보니 못생긴 것이라기보단 세상에서 가장 개성 있게 생긴 고구마라는 생각이 든다. 그것만으로도 작품일 것 같다. 크기도 크다고 투정 부릴 일도 아니었다. 적당한 크기로 잘라 찌고 보니 얼마나 먹음직스러운지 모르겠다.

 가장 특이하게 생긴 것 하나를 골라 가지고 와서 수반에 올려놓았었는데 계절도 없이 줄기가 왕성하다. '넌 굉장히 개성적인 놈이야.' 세상의 모든 것이 생각하기 나름 보기 나름인 것 같다. 그 진리를 요즘 젊은이들도 깨달았음 싶다.

―『서울오늘신문』, 2019년 3월

일상(日常)

요즘처럼 일상이란 말이 살갑게 아니 절실하게 다가온 적도 없었을 것 같다. 끝날 줄 모르는 전쟁에서 평화를 바라는 마음처럼, 오랜 장마에서 햇볕을 그리워하는 것처럼 지금 세계의 모든 사람이 일상을 그리워하고 있다.

얼마 전까지만 해도 소확행을 원했던 우리다. 그런데 사실 우리는 얼마나 많은 소확행 속에 묻혀 살았었는지를 코로나19 거리두기를 하는 요즘에야 비로소 알게 된다.

일상이란 사전적 의미로는 '매일 반복되는 보통의 일'이고 일상으로 하고 있는 일을 말한다. 날마다 반복되기에 하찮은 것 같고 중요하지도 않은 것 같았는데 사실은 그게 우리 삶에서 가장 소중한 것이었음을 요즘 이 나이에야 느낀다. 그래서일까. 코로나19로 인해 SNS에 올라오는 많은 이야기들이 눈에 들어온다.

오늘도 카톡으로 받은 내용인데 감동을 준다.

93세의 코로나19 감염환자가 응급실에서 24시간 산소공급을 받았다. 그런데 계산서를 받고 보니 산소 금액만 5천 프랑이란다. 그가 계산서를 받고 흐느껴 울자 치료비를 지불할 수 없어서냐고 물으니 그게 아니라 이렇게 비싼 산소를 93년 동안이나 돈 한 푼 내지 않고 마시고 산 것을 몰랐으니 내가 얼마나 큰 빚을 지고 산 것이냐고 했다. 93세는 아니지만 나 또한 이 나이 되도록 한 번도 그런 감사를 해본 적이 없다. 아침에 눈을 뜨는 것이 어제의 반복이 아니라 기적이라는 사실, 어제처럼 오늘도 일어나서 걷고 보고 먹는 것이 기적이란 것을 비로소 깨닫는다.

엊그제는 외손녀 셋이 있는 딸네 집에 갔었다. 아이들은 햄스터를 키우고 있는데 온 가족 다섯 식구가 아침이면 제일 먼저 하는 일이 햄스터가 눈을 뜨고 있는가를 확인하는 일이란다. 너무 늙어 오늘일지 내일일지 아주 눈을 감아버릴지 모른다는 것이다. 아침에 눈을 뜬 것을 봐야 안심이 된다며 안타까워하고 있었다.

오늘은 T.V에서 요양병원에 계신 어머니와 통화를 하게 되면 꼭 녹음을 한다는 얘기를 들었다. 이 통화가 어머니와의 마지막 통화가 될 수도 있다는 불안감에서란다. 그러고 보면 우리가 하거나 겪는 지극히 하찮아 보이는 것들이 얼마나 감사하고 귀하고 축복인 것인지를 너무 모르고 있었다는 얘기다.

　코로나19가 많은 목숨을 앗아가고 언제 끝날지도 모르게 세계를 불안과 공포 속에 몰아넣고 있다. 하지만 가족 간의 끈끈한 유대를 살려내는 선한 기능 내지 영향력을 크게 발휘하는 계기가 되기도 한 것 같다. 늘 바빠서 좀처럼 시간을 함께할 수 없고 얼굴 보기도 어렵던 남편과 아내, 부모와 자식이 본의 아니게 오랜 시간 함께 할 수 있게 되어 좋은 가족관계를 갖게 하는 기회도 되었다는 얘기다.

　나가고 싶을 때 아무 때나 나가고, 먹고 싶은 것이 있으면 아무 때나 먹으러 가고, 만나고 싶은 사람 전화만 하면 바로 만날 수 있던 우리의 시간들에 갑자기 담이 쳐지고 발이 묶이게 되었다. 심지어 만나도 마주쳐도 못 볼 사람인 양 충분한 거리두기를 해야 하는 이 참담함, 이 황당함이 얼마나 더 갈 것인지 두렵기만 하다.

　세 잎 클로버의 꽃말은 행복이고 네 잎은 행운이다. 사람들은 지천으로 피어있는 세 잎 클로버를 질경질경 밟고 다니면서 네 잎짜리를 찾으려 한다. 행복을 짓밟고 찾아낸 행운이 과연 그만큼 값진 것일까. 우린 왜 행복보다 행운에 목말라 할까.

　막내 손녀는 금년에 초등학교에 입학한다. 제 언니들이 다니는 학교에 저도 간다고 달력에 표를 하며 입학식 날을 기다렸다.

그런데 3월이 가고 4월이 되었지만 여전히 입학식도 학교도 못 가고 있다. 언니들은 아무렇지도 않게 날이 되자 학교로 갔는데 저만 그렇지 못하다고 "할아버지, 나 언제 학교 갈 수 있어요?" 하고 눈물이 글썽글썽 울먹이며 묻는다. 쉽게 생각했던 것, 너무나도 당연하게 생각했던 것, 하찮고 우습게 보았던 것들이 얼마나 소중하고 값진 것들이었는지를 뼈저리게 느끼는 순간의 요즘이다.

밖에서 까치가 까악까악 노래하고 있다. 반가운 손님이라도 오려나. 지금 내게 가장 반가운 손님은 한시바삐 코로나19가 없어지고 일상을 회복하는 것이다.

주일이면 원주에서부터 서울까지 예배를 드리러 오는 아들네 네 식구, 아무 때나 보고 싶으면 "할아버지 지금 간다." 하고 휙 달려가던 딸네 다섯 식구, 내 수업 시간에 만나던 정겨운 수강생 얼굴들을 다시 교실에서 볼 수 있는 이 일상의 회복이 눈물겹도록 그리워지는 것은 나만이 아닐 것이다.

일상, 날마다 반복되는 생활, 일상으로 하고 있는 일들이 그립다. 속히 오라 일상이여. 그대를 하찮게 여겼던 내 경솔함과 죄를 용서해다오.

—계간 『창작산맥』 2020년 여름호

가벼운 만큼 맑아지게

 산에 오른다. 높이랄 것도 없는 동네 산이다. 하지만 이만한 산이 집 가까이 있다는 것이 얼마나 감사한가. 이용하는 사람도 정말 많다. 그러니 단순한 산이 아니다. 생명이 자라고 생명을 키우고 생명을 나누는 산이다. 건강한 사람은 더욱 오래도록 건강하기 위해, 몸이 약한 사람은 속히 건강한 몸이 되기 위해 기도하듯 산에 오른다. 그래서 그냥 오르기만 하는 게 아니라 자기 몸처럼 가꾸고 돌본다. 오르는 길도 다니기에만 편하게가 아니라 자연과 사람이 서로 좋은 길로 가꾼다. 자연스러움을 훼손치 않는다. 자연으로부터 받는 혜택만큼 지켜주기도 한다.
 산길에는 팻말들이 보인다. 나무를 기증한 사람의 이름과 나무에 바라는 마음들이 기록되어 있다. 자녀랑 심은 나무도 있고 부부가 심은 것도 있다. "우리와 함께 푸르고 건강하게 자라다

오." 나무를 심은 그들의 마음과 모습이 내게도 느껴지고 보여진다.

산으로 오르는 길에는 운동하는 곳이 있다. 그곳에선 여러 마리의 토끼들이 사람들 가까이 오가며 놀고 있다. 요즘엔 수가 더 늘어난 것 같다. 처음엔 하얀 토끼에 가끔 검정색 토끼가 보였는데 지금 보니 회색 토끼도 있고 흰색에 검은색, 검은색에 흰색 박이도 있다. 상당 기간 함께 살아온 토끼 가족들이다. 상생이다.

유난히 땀을 많이 흘리는 나는 산에 한 번 올라갔다 오면 물에 빠진 생쥐 꼴이 된다. 그러나 기분은 상쾌하기 이를 데 없다. 내 안의 나쁜 찌끼들이 얼마큼은 빠져나갔다는 반가운 신호이기도 하다. 가끔은 아는 사람과도 만나지만 모르더라도 마주치는 사람들과 자연스레 인사가 오가는 곳, 혼자 올라도 전혀 외롭지 않은 곳, 무리해서라도 조금 빨리 걷거나 내려오는 길에 뛰기라도 하면 저 땅속의 것들이 반응하는 것도 느껴진다. 콘크리트로 차단된 바닥이 아니라 흙을 밟는 촉감과 발을 통해 전해져 오는 흙의 느낌이 오장육부를 기분 좋게 흔들어 주고 그것은 자연과 내가 하나라는 느낌을 갖게 한다.

미국에 사는 문학 동료는 면역력이 약해져 힘든 생활을 하고 있다. 내 생각은 그가 태어나고 자란 이 나라의 흙을 밟고 물을 먹고 이곳에서 생산된 식물을 먹는다면 치료가 잘 될 것 같았다. 다행히 얼마 전엔 6개월 정도 치료를 받고 갔다. 그도 한국에서 치료를 받으니 훨씬 빨리 좋아지는 걸 느낀다고 했다. 글로벌시대라지만 태어나 자란 곳에서 살며 먹는다는 것은 가장 큰 축복이 아닐까.

자연은 자연대로 사람은 사람대로 제각기 살아가는 것 같지만 결코 따로가 아니라 함께인 것을 우린 자주 잊곤 한다. 어쩌다 가족 중 하나가 집을 비웠을 때 그 빈 자리가 얼마나 크던가. 다리라도 다쳐 잠깐 마음대로 걸을 수 없을 때의 불편함은 어떻던가. 그리고 보면 사람이란 동물은 자기 가진 것의 소중함과 축복을 너무 모르는 참으로 둔하고 이기적인 존재인 것 같다. 요즘처럼 코로나19로 거리두기와 간격 두기 그리고 일상을 제한받고 보니 그렇게 누리던 일상이 얼마나 큰 축복이요 기적이었던 것인가를 새삼 느끼지 않던가.

오늘도 산을 오르는데 부부가 서로 의지하여 아주 조심스레 산길을 내려오는 것을 보았다. 저들의 소망은 자유롭게 걸을 수 있을 만큼 건강을 찾는 것일 거다. 사람은 건강을 잃어 봐야 비로소 욕심도 내려놓게 되고 삶에도 단순해지는 것 같다. 강하다고 느끼는 것은 교만이다. 그래서 지나친 욕심도 불사한다. 그런데 그 강하다는 생각이 얼마나 큰 착각이요 오해인지를 모르고 산다.

 나는 시력만은 자신이 있었다. 뿐 아니라 혈압이나 당뇨가 왔다고 해도 나와는 상관없는 일이거니 했다. 그런 내게 어느 날 갑자기 백내장 진단이 내려졌다. 한쪽 눈을 그리고 1년 후엔 다른 쪽 눈까지 수술했다. 두 눈에 인공수정체를 삽입했고, 졸지에 돋보기와 두 개의 시력을 하나로 모아주는 안경까지 끼어야 했다.

 신체검사에서 혈압 수치가 높게 나왔다. 6개월 동안 원인을 추적해 보았으나 찾지 못했다. 나이 드니 본태성 혈압이 나타난 거라며 비타민 먹듯 안전하게 혈압약을 먹으라고 했다. 요즘엔 당 수치가 위험수위에 가 있단다. 인슐린 기능이 30~40% 남은 상태란다. 내가 자신할 수 있는 것은 아무것도 없었다. 특히 건강이 그랬다.

 요즘 나는 몸의 건강, 마음의 건강을 함께 회복하기 위해 무진 애를 쓰고 있다. 회복이 안 될지도 모른다. 그렇다면 더 이상 나빠지지 않게 하는 것이 최선일 것이다. 그러자니 먹는 것은 줄이고, 운동은 늘리고, 신경 쓸 일을 줄이고자 한다. 눈도 피로하지 않게 사용량을 줄이고 되도록 모든 것에서 가급적 욕심을 내지 않으려 한다. 내려놓기와 낮아지기를 삶의 중요 순위에 놓으려 한다. 그것이 나다움의 추구이고 실천이라 생각한다.

그런 면에선 감사할 게 많다. 내가 사회에 큰 책임을 져서 내 힘으로 그걸 끌고 나가야 하는 것도 아니고, 그러니 가장 평범한 소시민으로 다른 큰 욕심을 내지 않아도 되는 그런 내 그릇 크기를 쉽게 인정하기 때문이다. 새벽에 일어나 나를 낮추는 기도로 시작하여 아침 공기를 마시며 산책으로 땀을 흘리고 집에 들어와 샤워 후 아침을 먹고 하루의 삶을 시작하면 저녁엔 내일 아침을 위해 좀 일찍 잠자리에 드는 생활의 변화 또한 보다 나답게 하는 나만의 처방이다. 마음의 평안과 안정을 찾는 일만큼 중요한 일도 없을 것 같다. 지친 정신과 마음을 치유하는 것도 중요하지만 지치지 않게 하는 것이 더 좋은 방법이 아니겠는가.

내게는 글쓰기가 나를 치유하는 큰 힘이 된다. 나를 돌아보게 하고, 나를 거울에 비춰보게 하고, 거울에 닮아보게도 한다. 빨간색 신호등 앞에 서게도 하고 위에서 또는 뒤에서 나를 보게도 한다. 내 내면의 소리도 듣게 하고 까맣게 끼어있는 욕심의 때를 보게도 한다. 가정생활과 신앙생활에 더해지는 문학 활동은 나를 가장 크고 소중한 기쁨과 보람으로 인도한다. 가끔 여행을 떠나는 것까지도 문학 활동에 연계되어 더욱 의미롭다.

한 때 웰빙well-being이란 말이 유행했다. 그런데 지금은 웰 다잉well-dying이다. 잘 살기 위함보다 잘 죽는 것이 더 중요하게 된 이유는 뭘까. 그러고 보니 나 또한 잘 죽는 것을 보다 심도있게 생각해야 할 때인 것 같다. 몸도 마음도 건강해야 웰빙도 웰 다잉도 가능해진다. 그러기 위해선 삶 중에서도 막힌 것이 있으면 뚫어야 하고 삐뚤어졌으면 바로 해 줘야 한다. 마음도 생각도 몸도 막힘이나 삐뚤림이 없어야 한다.

  일마 오르지도 못했는데 몸에선 땀이 비 오듯 한다. 날씨나 기온 때문만은 아닌 것 같다. 그간의 내 게으름과 무책임이 필요 이상으로 비만체를 만들었음이다. 그러나 흐르는 땀만큼 내 내면은 맑아질 수 있다. 그렇게 비워진 내 안에 아침 산의 맑은 공기와 나무들의 청량한 숨소리와 풀꽃 향기에 흙내까지 가득 채우고 싶다. 어느덧 이순耳順을 지나 고희古稀도 넘어 나아가는 걸음이지만 아마도 내려올 땐 몸도 마음도 한결 가볍고 생각도 맑아져 있을 것 같다. 또 사랑의 빚, 자연으로부터의 힐링 선물이다.

—월간 『수필과비평』 2020년 7월호

첫+사랑

―그 두근댐과 설렘의 기억

　누구에게나 싱아를 먹었을 때처럼 입에 침이 고이며 신맛이 도는 단어들이 있을 것이다. '첫'이라던가, 조금은 식상할 수도 있지만 '사랑' 같은 것이다. 그런데 그 '첫'과 '사랑'이 하나가 되면 왠지 이 나이에도 나도 모르게 얼굴이 발그레해지거나 두리번대며 누가 보는 사람 없나 눈치를 보는 마음 같은 것이 생겨나는 것은 비단 나만의 현상일까. 하지만 내게 그런 '첫사랑'의 추억을 물어오면 쉽게 그런 감정에 휘말린 사건 같은 건 없을 것 같다가도 살그머니 가슴 저편에서 아니야 있어 하며 화롯불의 불씨 살아나듯 일어나는 것이 있다.
　너무 오래되어 기억도 잘 나지 않지만 어느 날 쪼그만 여자애가 전학을 왔다며 우리 반에 들어왔다. 이름이 무슨 종희였는데 나중에 우린 '종이'라 부르며 놀렸다. 그때 우리 또래의 가시나들

같지 않게 짧은 치마에 빨간 모자를 쓰고 있는 앙증맞은 모습의 아주 조그마한 여자애였다. 우리 학교로 전근 오신 선생님의 딸이라고 했다. 그날 나는 못 볼 것을 본 아이처럼 콱 숨이 막히는 것 같았다. 씽긋 웃으며 인사하는 아이는 3학년짜리 내 가슴에 살아있는 인형처럼 와서 폭 안겨버렸다. 아니 나 혼자서만 가슴에 안았다. 그러나 정작은 그녀를 쳐다보지도 말을 걸어보지도 못했다. 그런데 신기한 건 그날 그런 감정의 순간 이후에 특별히 남아있는 기억은 없다. 그러니 그걸 첫사랑의 기억이라고 해야 할지도 모르겠지만 내가 이성을 향해 느껴보던 첫 감정이었다는 것에서 감히 첫사랑의 감정 운운해 보는 것이다.

두 번째는 교회에서 만난 J고에 다니던 K였다. 그때 J고는 고급 군인 자녀들이 다니는 학교였다. 나보다 한 학년 아래였던 그녀는 늘 그 멋진 교복을 입고 교회에 왔었고 내게도 사근사근 오빠라며 잘 따랐다. 정갈하게 입은 멋진 교복도 좋았지만 꼭 내게만은 아녔을지 몰라도 다정하게 오빠 오빠 하던 그녀가 너무 좋았다. 매 주일 교회에 가는 즐거움 중 하나가 그녀를 보는 것이었다. 학생회 활동을 한다며 이것저것 함께 무언가를 하거나 같이 있는 순간이 너무나 달콤하고 짜릿하고 감미로웠다. 하지만 나는 좀처럼 눈을 마주치거나 할 만큼도 용기를 내지 못했고 해서 한 번도 그녀의 눈을 똑바로 쳐다보지도 못했다. 사실 난 지금까지도 정면으로 사람의 눈을 들여다볼 정도로 마주 보는 짓을 못 한다. 해서 사람 얼굴을 확실히 기억하지 못할 때가 많다. 숫기가 없고 얼굴 바라보는 것도 못 하는 나의 버릇이기도 했다. 나 혼자만 좋아하는 마음을 가졌을 뿐 그런 감정을 직접 전하지도 그녀가 느낄 만큼 행동도 하지 못했다. 그렇게 1년을 보내고 나는 고등학교를 졸업하면서 그곳을 떠나게 되었고 내 어려운 상황은 더 이상 그녀에게 특별히 연락하거나 할 형편도 되지 못해 멀어지고 잊혀 버렸지만 어느 순간에는 그녀에 대한 기억이 떠올라 오랫동안 가슴을 아프게 했었다. 그녀는 나와 같이 당시 유행하던 여러 교회가 주최하는 문학의 밤에도 참가했었는데 내가 상을 받으면 나보다도 더 기뻐했던 기억이 그녀와의 추억이라면 추억이다. 오랜 후 내가 문단에서 활동하게 되면서 혹시 그녀의 이름이 문단 어디엔가 있을까도 찾아보았는데 그건 그녀도 문학을 좋아했으니 어느 장르건 글을 쓰지는 않을까 하는 기대감과 그렇게 되면 다시 만나볼 수도 있지 않겠나 하는 설렘 같은 게 있어서였다. 그러나 그런 일은 역시 일어나지 않았다. 그러면서 K와는 다른 감정으로 나보다 한 살 위인 J 누나를 좋아했던 기억도 난다.

역시 교회에서였다. K가 바라보기만 해도 좋은 상대였다면 J 누나는 기대고 싶은 그런 감정의 이성이었다. 누나와는 교회가 끝나면 빵집에도 몇 번 갔었던 것 같고 크리스마스 선물도 주고받았던 것 같다. 지금 생각하면 그런 것도 사랑의 감정일까 의아스럽지만 그 많고 많은 간난의 세월을 살아왔으면서도 동화처럼 가슴에 살아있는 것을 보면 분명 의미 있는 일이었기에 아름다운 추억의 그림 한 장처럼 더 오래 간직하고 싶어지게도 한다.

사실 50년도 더 지난 옛 생각들이다 보니 아련하기만 하지만 그래도 '첫사랑'이란 단어를 떠올리니 생각나는 얼굴들이라 그저 감사하고 지금쯤 그들은 어디서 어떻게 지내고 있을까 새삼 궁금하기도 하다. 누구에게나 지난 것은 그립고 아름다운 기억으로 남는다. 그걸 추억이라고 한다. 바람결에 되살아나는 작은 불씨처럼 없는 듯 있다가 살아나는 추억의 기억들 특히 사랑의 감정은 이렇게 '첫'이 붙으면 더욱 애틋해지고 콩닥콩닥 가슴 뛰는 작은 전설들이 된다. 두근댐과 설렘의 기억으로 사랑이란 말은 그래서 사람을 살아가게 하는 힘인 것 같다. 첫사랑은 이루어지지 않는다고 하는데 그렇기에 늘 그리워하고 안타까워하면서 살아갈 힘을 만들어 주는 것일지도 모르겠다.

－『리더스에세이』 2021년 12월

화혜(靴鞋)

 문화잡지의 봉투를 열었더니 표지가 눈을 사로잡는다. 이게 뭐지? 보니 신발이다. 잡지의 첫 장을 여니 각양의 비단 꽃신과 신을 짓는 데 쓰는 도구들이 함께 보여진다. 그리고 옆 페이지엔 고종황제가 편복便服을 입었을 때 신었다는 적석赤鳥이 우아한 술을 달고 있다. 이런 전통 신들을 일컬어 화혜靴鞋라고 한단다. 그러고 보면 신이야말로 인류가 문명화되는 첫 단계가 아니었을까 싶다. 그만큼 발전과정도 길었고 종류 또한 많았을 것이다. 언젠가 국립민속박물관에서 여러 종류의 다양한 신들을 보면서 단순히 발을 보호하는 용도로만이 아니라 때와 장소 그리고 하는 일이나 신분에 따라서도 달리 신을 신었다는 기록을 보았다.
 나는 짚신과 나막신, 내 세대의 상징이었던 검정 고무신과 흰 고무신 그리고 운동화와 구두의 시대를 두루 살아왔다. 짚신을 직접 신지는 않았지만 어릴 때 집에서 일하던 허상은 짚신을 삼아 신었다. 그런가 하면 할아버지가 돌아가신 후에도 할머니는 꼭 댓돌 위에 할아버지의 흰 고무신을 놓아두셨다. 그것이 할아버지를 생각하는 할머니의 마음이라기보단 남자 신 한 켤레가 놓여있는 것이 무언가 든든함을 주어 홀로 사시는데도 안정감을 느끼게 했던 것 같다.

전통 신의 통칭인 화혜靴鞋의 화靴는 신 목이 있는 신을 뜻하고, 혜鞋는 신 목이 없는 것을 말하는데 화혜는 이 모두를 합친 말로 정성스러운 한땀 한땀 바느질로 만든 아름답고 우아한 수제 신이란다. 한데 검색해보니 신의 종류가 이만저만 많은 게 아니다. 최상위 권력의 왕실 의례용 신이었던 석舃을 시작으로 관료들이 공복公服에 예를 갖춰 신던 화靴가 있었고, 반가班家의 일상에서 신던 혜鞋가 있었는가 하면 서민들의 짚신, 비가 오거나 궂은날에 신던 나막신이 있었다. 혼례 때만 서민에게도 특별히 허용되었던 호화로운 혼례 신이 있었고, 왕실의 잔치 등에서 무희들이 신던 비두리와 무리가 있는가 하면 죽은 자를 위하여 습신도 있었다.

화혜는 손으로 직접 만든 신이다. 용도와 재료에 따라 수도 없이 많은 손이 오갔을 것이고 아름다움과 품격을 갖추기 위해서는 온갖 재주와 수고가 가미되었을 것이다. 지금이야 어디서도 내가 원하는 모양과 품격의 구두나 운동화를 사 신을 수 있지만 신분에 따라 관복에 맞춰 신어야 하는 신을 준비할 수도 없던 청렴한 우리 선조 관료들에겐 큰 부담이 아닐 수 없었을 것이다. 그러니 신발 한 켤레를 아껴가며 평생 신었을 수도 있었겠다. 하기야 내 어릴 때도 신 한 켤레 사는 것은 명절 때나 기대해 볼 수 있었다. 내가 신던 검정 고무신은 장날마다 신기료 아저씨의 손이 보태져서 나중엔 본래의 신보다 덧붙여진 부분이 더 많기도 했다. 고무신에서 헝겊으로 된 신을 선물 받던 때가 생각난다. 신는 것조차 아까워 만져보고 쓰다듬어보고 없는 먼지까지 털곤 했던 그 시절이 지금엔 서럽게도 그립다. 요즘은 어느 집엘 가도 그러겠지만 신발장을 열면 신지 않는 신발이 더 많다. 신으려고 샀겠지만 자주 신게 되는 것이 있고 그렇지 않은 게 있다. 보기 좋아서 산 것, 편해 보여서 산 것, 싼 것 같아 산 것, 그러나 정작 자주 신는 신발은 따로 있기 마련이고 등산용 운동용 평상용 등 용도별로 사놓았어도 그렇게 다 신어지지도 않는다.

    첫 아이가 태어나자 난 신발부터 샀다. 나비 리본이 달린 빨간 신발이었다. 요즘에야 아주 다양한 사이즈가 나오지만 그땐 제일 작은 것으로 샀는데도 아기에겐 컸다. 걸음마를 뗄 때 신겼는데도 헐렁거렸다. 그런데 그게 금방 작아졌다. 아이들이 자라는 것은 발이 크는 것으로 알 수 있었던 것 같다.

　아내는 인형을 잘 만든다. 아이의 인형에 옷도 만들어 입히고 앙증맞게 작은 신도 만들어 신겼다. 그 신이 어쩌다 벗겨져 있으면 작은 도토리 껍질 같았다. 옛날엔 모든 게 다 손으로만 했었으니 아내가 만든 이 작은 신 한 켤레를 만드는 데도 많은 공력이 들어갔을 것이다.

　잡지의 사진을 다시 본다. 어떤 것은 연두색 바탕에 분홍 천으로 앞코를 장식하고 거기에 한땀 한땀 굵거나 가늘게 바늘 길을 주어 맵시를 냈다. 어떤 것은 분홍 바탕에 매화가 핀 가지를 수놓았는데 어찌나 정교한지 매화가 방금 피어난 것처럼 싱그럽다. 색감을 어떻게 내었는지 짙고 옅음이 신비로울 만큼 잘 표현되어 있다. 꽃술의 정교함 또한 실물보다 더 실물답다. 신발코의 날카로운 듯 부드러운 선이 비단의 부드러운 느낌과 어울려 볼에 비벼 보고 싶을 만큼 정겨움과 따스함을 준다. 그런가 하면 고종황제의 적석은 일출 때의 빛과 같은 신비로운 붉음에 청색 방울과 실매듭으로 고상함을 더했는데 발 옆을 감싸는 부분인 신울에는 하얀색 넓은 띠를 붙여 기품을 더했다. 특히 이 신울은 발이 들고 나는 곳이라 여러 겹의 광목과 모시를 배접해 만든 백비 위에 공단을 붙였다고 한다. 그러니 얼마나 정성이 들어갔겠으며 특히 땅에 닿는 밑창은 소가죽을 대고 맞바느질을 했다 하니 이런 수십 번의 제작 공정에 고도의 기술과 솜씨가 들어가서 튼튼하고 아름다운 명품 신이 되었을 것이다.

장인의 손끝에서 피어난 매화의 작은 꽃잎이 향기를 풍기며 흔들리면서 수줍듯 볼을 붉히는 것 같다. 이렇게 한 켤레의 신에서 피어나는 꽃과 꽃망울은 짓는 이의 간절한 기도로 피어오른 것이 아닐까 싶다. 조선시대 전통 신을 만드는 장인을 화혜장(靴鞋匠)이라고 한다는데 그들의 손끝이 얼마나 험해져야 이런 아름다운 꽃이 필 수 있는 것인지 자못 궁금하다.

화혜, 어쩌면 이런 신이야말로 사람을 사람이게 하는 가장 기본이 되는 것이 아닐까. 걷는 걸음걸이, 걷거나 서 있을 때의 마음가짐, 갈 곳과 가지 말아야 할 곳을 가릴 줄 아는 지혜, 문득 거룩한 곳이니 신을 벗으라던 성서의 말씀이 생각난다. 그러고 보니 신이야말로 가장 험한 곳 더러운 곳까지도 가리지 않고 다가는 것이니 거기 맞는 재질과 무게와 모양으로 사람과 하나가 될 수 있어야 할 게다.

임금을 뵈러 들어갈 때 신는 신이 따로 있고 생활 속의 신이 따로 있던 옛날처럼 지금도 용도에 따라 신을 선택한다. 한데 왼쪽만 잘 닳는 내 신발, 어쩌면 내 마음이 바르지 못하다는 표는 아닐까. 정성스레 땀을 하던 순간순간은 그 신을 신고 바른 처신을 하길 기도하던 간절한 염원의 손길이었을 것 같다. 신이 마음을 다스릴 수는 없다. 마음이 신을 다스릴 것이다. 마음이 원하는 바른 곳에 갈 때 신도 즐겁고 행복할 것이다.

다시 책 속의 화혜 사진을 찬찬히 들여다본다. 비단신 속 매화가 향긋한 향기를 내 코 가득 불어넣어 주는 것 같다. 신을 짓는 마음과 신을 신는 마음이 같을 때 그 사람에게서도 아름다운 인품의 향기가 나지 않을까. 화혜는 그런 마음과 기원으로 지어진 신일 것 같다.

—『문학마당』 2021년 7월

※ 적석(赤舃) : 조선시대 왕이 면복(冕服), 강사포(絳紗袍) 착용 시 신던 붉은색의 신발.

끝내다

짧은 글 한 편을 마치면서도 굳이 '끝' 자를 쓸 때가 있다. 이상하게도 첫 문장을 끄집어내기도 어렵고 시작을 했지만 내용의 전개며 마무리도 몹시 힘들었던 경우다. 마감 날짜가 간당간당 조여와도 좀처럼 글이 이뤄지지 않을 때 겨우겨우 마감 날 밤 11시 59분에 이메일의 보내기를 눌렀을 때가 어디 한두 번인가. 그렇게 힘들게 원고를 마쳤을 때는 굳이 필요도 없는 '끝' 자를 꼭 쓰곤 했다. 한데 요즘이야말로 그 '끝' 자를 쓰고 싶다. 코로나19가 벌써 올해의 아홉 달이나 먹어버렸건만 남은 달도 그냥 둘 것 같지는 않다. 언제 끝나려나, 이제나저제나 끝나기를 고대하건만 잦아지나 싶으면 다시 살아나고 거기다 여기저기서 산발적으로도 일어나니 정말 애가 탄다.

사실 내 사전에서 끝이라는 말은 절망적으로 사용될 때가 더 많았다. "이제 정말 나는 끝이다."라며 고개를 떨구던 친구가 생각난다. 잘 나가던 친구였는데 어느 순간 사업에 욕심이 붙는 것 같더니 한 번 삐끗하자 영 회복을 못 하고 그때부턴 하는 죽죽 실패로만 이어져 도저히 일어날 수 없게 되어버렸다. 그 친구의 절망하던 모습이 지금도 눈에 선하다. 결국 이 나라를 떠나 남미 어딘가로 갔는데 이십 년이 넘는 지금까지 연락조차 안 되고 있다. 하지만 묵어있는 땅에 고구마를 심었는데 가을에 그걸 캐느라 고생했던 생각을 하면 '끝'이라는 것이 그렇게 좋을 수가 없었다. 하필 비 온 뒤라 땅이 질어 어느 게 삽이고 호미인지도 구분 못 할 정도로 흙이 붙으니 고구마라고 제대로 캐지겠는가. 해도 해도 일은 끝나지 않고 몸은 지쳐 흙 범벅 발을 옮길 기운도 없는데 캐야 할 고구마 두렁을 바라보면 더 아득하기만 했다. 그래도 눈처럼 게으른 게 없고 손처럼 부지런한 게 없다는 옛말처럼 땅거미가 올 때쯤엔 마지막 고랑의 끝이 보였다. 그때의 기분, 드디어 마쳤다는, 다 했다는 기쁨은 세상을 다 얻은 것 같았다. 한 번도 맛보지 못했던 황홀함 자체였다.

 코로나로 온 나라 온 세계가 아우성이다. 생계도 생활도 일상도 엉망이다. 뉴스나 신문마다 코로나 소식인 이때 '코로나 끝' 소리를 듣고 싶다. 고구마를 다 캤을 때의 기쁨, 원고 쓰기를 다 마쳤을 때의 보람 같은 그런 감격의 순간을 이제는 우리 모두의 노력으로 맛보았으면 싶다. 이미 임계점 가까이 와 있을 수 있다. 그래도 확실하게 우리의 힘으로 어서 속히 '코로나 끝'이라고 쓰고 싶다. 끝내고 싶다.

―『문학의집 · 서울』 특별기획 〈바람이 분다-2〉 2020년 10월

3.
지구의 숨비소리

지금 이 순간도 과거가 된다. 미래라고 생각했던 시간들이 현재가 되고 그게 이내 과거가 된다. 그렇고 보면 12월은 그런 크로노스와 카이로스를 함께 사는 달인 것 같다. 살아온 이만큼의 한 해도 그냥 숨죽이며 견뎌온 날들이었다. 이 모든 것이 쉬 지나가리라는 희망과 곧 새로운 내일이 올 것이라는 기대가 순간순간 숨비소리를 내게 했다.

바람의 성

　바람이 불고 있었다. 아니 바람이 거기 살고 있었다. 그들은 거기서 아주 한가로이 장난질을 치며 놀고 있었다.
　비가 올 것이라는 예보를 애당초 믿지 않았던 터였지만 날이 너무나 좋았다. 예보에 대한 불신이 아니라 매번 나의 산행나들이 때마다 한결같이 좋았던 그런 날씨에 대한 기대와 믿음이 더 컸기 때문이다.
　산정호수 주차장에 차를 대고 명성산으로 올랐다. 살랑살랑 불어오는 바람이 행여 땀이라도 맺힐까 봐 몸을 식혀주고 있다. 응달진 계곡엔 아직도 얼음이 남아있고, 잔설이 산자락에 걸쳐 있기도 했다. 까맣게 몸을 드러낸 바위 옆에 수줍은 듯 하얗게 누워있는 잔설을 보며 우리 삶 또한 저와 같이 양달과 응달이 함께 살고 있으리란 생각도 했다. 바람이 살랑일 때마다 솔향에 눈 냄새가 함께 묻어나곤 했다.

산에 오르다 보니 어느새 마음이 한가로워진다. 널브러져 있는 채 버려두고 떠난 일상, 보면 안 할 수 없고 내가 꼭 해야 할 일들이건만 그것들을 죄다 놔둔 채 산만 오르니 그렇게 마음이 편할 수가 없다.

계곡으로 내려선다. 아직도 겉만 살짝 녹아있는 얼음 위를 걷는다. 사박사박, 녹다 만 얼음이 밟히는 소리다. 양수 터진 임산부의 자궁마냥 녹아 골간 얼음 사이로 흘러내리고 있는 물이 문득 생명의 샘을 보여주고 있는 것만 같다. 손으로 물을 한 움큼 떠본다. 잡힌 물은 간데없고 그 시림만 얼음보다 차갑다. 세상의 처음에서 흐르던 물이 이만큼이나 맑고 차가웠을까.

산은 언제나 어머니의 가슴이다. 한 번도 누굴 거부해 보거나 싫은 내색 없이 품고 안고 받아들인다. 차마 아물 수도 없는 큰 상처를 안고 오른 이에게도, 감당할 수 없는 큰 슬픔을 업고 찾은 이에게도, 스스로를 주체할 수 없어 방황하고 흔들리는 마음까지도 산은 그저 말없이 안아줄 뿐이다.

사실 우린 얼마나 낯익고 익숙한 것들에만 길들어 있었던가. 그러다가 어떤 낯섦이 다가오게 되면 또 얼마나 당황하게 되던가. 그러나 그 낯섦을 통해 화들짝 잠자던 나를 깨우게 되고 비로소 변화라는 새로운 사실을 수용케 되지 않던가.

한겨울을 지나며 잔털을 죄다 빼앗겨버린 억새꽃이 서로 얼굴 비벼대기를 하고 있다. 몸을 기대며 비비면 사그락사그락 소리가 나고 얼굴끼리 비벼대면 히히히히 웃음이 묻어났다. 머잖아 파란 새 움이 터 올라와서 지금의 저들 키를 훌쩍 넘어설 거다. 그러면 저들의 모습은 간 곳 없고 싱싱한 푸르름으로 너른 벌이 가득 찰 거다. 그것 역시 삶의 질서요 법칙일 것이다. 바람이 쏴 하고 분다. 억새가 일제히 한쪽으로 몸을 기대며 눕는 척한다. 그러나 바람은 한숨씩만 분다. 억새와 장난을 하자는 걸까.

문득 저 억새 숲속에 작은 흙집을 짓고 싶어진다. 흙벽돌을 빚어낼 땐 필히 억새 잎과 줄기를 적당히 섞으리라. 그럼 아마 방에 누우면 억새 서걱이는 소리가 흙냄새에 묻어나리라. 아니다. 억새 풀 향이 흙냄새와 어우러지며 새로운 향기를 만들어 내리라. 그리고 지붕도 억새 줄기로 마람을 엮고 이엉을 지어 덮으리라. 그럼 비가 오는 날이면 토닥이며 떨어지는 빗소리에 개구쟁이 빗방울들은 쪼르륵 지붕 위에서 미끄럼을 타며 내리리라. 햇볕이 따신 날은 마른 억새 지붕에서 바싹바싹 잎 마르는 소리가 날 것이고 지나는 새들은 새로운 놀이터가 생겼다고 죄다 날아와 살아있는 새들로 또 하나의 지붕이 될 수도 있으리라. 억새의 산, 억새의 강, 억새의 바다, 억새의 나라, 산을 덮은 억새들로 산은 한껏 부드러움에 덮인다.

저만치 정자가 보인다. 정자에서 먼저 오른 일행들이 손을 흔들고 있다. 빨리 오라는 걸까, 아니면 자기들은 먼저 왔는데 왜 이렇게 못 오느냐는 것일까. 산정은 역시 바람이 드세다. 조심조심 억새 숲을 지나온 바람들도 제 세상 만났다고 탄성을 지르는지 바람 소리가 휘익 색색 거센소리를 낸다.

바람의 성, 문득 나는 지금 바람의 성 그 성곽 위에 서 있는 것처럼 느껴진다. 저 아래로 산정호수가 그림같이 펼쳐져 있다. 삶은 바람이다. 하늬바람, 마파람, 후텁지근한 바람, 차가운 바람, 사람들은 스스로가 바람이 되기도 하고 다른 바람을 맞기도 한다.

우리의 삶터는 바람의 성城이다. 그러나 바람은 성에 머물지 않는다. 성을 지나고 오가며 일으키는 바람으로 성은 깨어있기 마련이다. 일상을 떠나온 마음이지만 일상의 바람을 안고 두르고 온 내가 아닌가. 후텁지근한 내 삶터의 바람, 그런가 하면 매섭도록 차가웠던 바람도 더러는 내 몸을 떠나지 않고 붙어있을 게다. 이곳에서 그들을 죄다 털어버리고 떼어내 버리고 싶다. 그리하여 이곳만의 신선한 바람만을 가득 품고 가고프다.

바람의 성 이곳은 때로 정적만 가득한 초원이었고 들풀로 뒤덮인 들판이었고 밤에는 고요만이 가득하기도 했으리라. 그러다가 여명의 빛이 무겁던 어둠을 몰아내면 들풀 잎끝마다 맺혀 반

짝이는 이슬들이 아침을 맞곤 했으리라. 만물이 고요할 때 대지의 물기를 온몸으로 길어 올려 생명으로 키우던 억새들을 생각한다. 땅속의 자양 수분을 온몸에 채우고 청청한 하늘 아래서 기도가 되는 삶으로 억새도 하늘도 바람도 함께였을 것이다.

 오늘 그 바람의 성에서 나도 바람이 되어 그의 백성이 되어본다. 세상을 벗어난 바람의 성에서 바람의 백성으로 비로소 크게 심호흡해 본다.

— 계간 『에세이21』 2019년 여름호

아직도 남은 그리움을 위하여

―나의 삶, 나의 수필, 범우에세이 『누름돌』을 내며

1.

열네 권이나 내 이름으로 책을 냈지만 누가 대표작이 뭐냐고 물으면 참 난감해진다. 교과서에도 몇 곳 작품이 올라갔지만 그걸 대표작이라고 하기에도 그렇고 무엇보다 내 마음이 대표작이라고 내세울 만한 자신 있는 작품이 없어서이지만 또 하나 마치 여러 자식 함께 있는 자리에서 어느 자식이 제일 예쁘냐는 질문을 받은 것 같은 황당함에서이기도 하다. 자식 중 어느 자식이 더 예쁘고 또 더 미울 수 있겠는가. 물론 유독 제 몫을 특별히 잘해 마음이 가거나 무엇 때문인지는 몰라도 왠지 더 정이 가는 자식이 있을 수 있다. 이번에 선정한 수필도 그런 마음의 작용일 수 있다. 완성도가 높은 썩 좋은 작품이어서가 아니라 그런 애착과 마음의 움직임이라는 말이다.

어느새 나이가 좀 들다 보니 예전에 생각지 못했던 것들도 생각하게 되고 예전에 느끼지 못했던 것도 느끼게 된다. 철이 든 것이랄까 나이 탓이랄까. 하지만 나이가 들어도 여전히 균형 잃은 방패연이 까딱대는 것처럼 작은 일에도 버럭버럭 화를 내고 조금만 속이 상해도 죽을상이 되는 나를 본다. 여전히 성정이 고르지 못하고 어른답지 못하다. 삶 속에서 수많은 어려움을 겪었다고 하면서도 삶에 대처하는 능력도 그저 그래서 늘 허덕이며 숨 가빠 한다. 가끔은 이런 내가 싫기도 하지만 그게 나인 걸 어떡하느냐고 스스로 꼬리를 내릴 때도 많다. 「누름돌」은 그런 나의 마음을 담아 본 수필이다.

2.

십수 년 전 교회 찬양대에서 강원도 정선 쪽에 간 적이 있다. 레일바이크도 타고 점심도 맛있게 먹었는데 일행 중 누군가가 좋은 수석壽石을 찾을 수 있는 곳이라며 강가로 나가는 바람에 다들 따라나섰다. 나도 그들을 따라나섰다. 말라버린 강에 널려 있는 수많은 돌, 돌들, 사람들은 박혀있는 돌을 들춰보기도 하고 뒤집어보기도 하며 나름의 기준으로 좋은 돌 찾기에 여념이 없었다. 그러나 그런 데엔 전혀 감각도 없고 사전지식도 없는 데다 관심도 별로 없던 나는 그냥 하릴없이 빈둥대고 있었다. 어떤 이는 물개라고 좋아했고 어떤 이는 색깔이 이렇게 고울 수 있느냐며 좋아했지만 나는 이것도 저것도 아니었다. 그러다 문득 어린 날 외할머니가 쓰시던 누름돌 생각이 났다. 어느 날 학교에서 돌아오는 길에 납작 반질반질한 예쁜 돌 하나를 주워다 드렸더니 기뻐하며 받으시던 모습, 그때의 기억을 되살려 뒤늦게 급한 마음으로 그런 돌을 찾기 시작했다. 그렇게 해서 다른 사람에겐 전혀 관심도 쓸모도 없을 그런 모양의 돌 두 개를 주워 배낭에 넣어 왔었다. 그리고 이 글을 썼다. 어쩌면 돌에 대한 필요보단 어린 날 할머니께서 좋아라하시며 받으시던 그 모습이 그리워서일 것 같다. 물론 그때의 그 돌도 그렇게 좋아할 만큼 용도에 맞는 좋은 돌이었는지는 지금도 알 수 없다. 하지만 손자가 주워온 그 돌은 할머니에겐 큰 의미가 있었을 수 있고 그나마 기특하단 생각에 좋다고 하셨을 수도 있다. 어쨌든 돌 하나를 통해 할머니를 떠올릴 수 있던 것만으로도 내겐 그날의 큰 수확이었다.

3.

요즘 삶이 어렵다고들 한다. 하지만 옛날 어르신들을 생각하면 어렵다는 말조차 꺼낼 수 없지 않을까 싶다. 그러니 그분들의 삶은 실로 존경스럽다. 모든 것을 친히 몸으로 손으로 해내야 했을 뿐 아니라 요즘의 편리성이나 넉넉함은 상상도 할 수 없던 때이다. 그럼에도 자식들 잘 키워냈고 우리나라가 이만큼 발전할 수 있게 했다. 품격으로 봐도 비교가 되지 않는다. 옛날 분들의 격과 위엄은 오늘에 비교가 되지 않는다. 그럼에도 요즘 사람들은 그런 옛날 분들을 우습게 여긴다. 제가 제일 잘난 줄 안다. 오늘도 옛날에서 이어진 것이 아니라 하늘에서 뚝 떨어진 것처럼 아니면 자기들이 만든 것처럼 으스댄다. 그런 생각을 시작으로 이 글을 열었다.

우리 삶 속에 '정선'은 수없이 많을 수 있다. 정선이란 삶의 현장에서 우린 각자의 필요를 따라 거기에 상당하는 노력을 하고 거기서 목적과 목표를 달성하기도 한다. 그러나 '누름돌' 같은 내가 의도한 것이 아닌 카이로스적 사건은 시간이 흘러도 기억 속에 남게 되고 그건 그리움 또는 추억이란 이름으로 겨울 산골 얼음 밑 물처럼 자란자란 가슴속을 흐르게 된다. 난 그 누름돌의 용도와 특성을 빌어 나 다스리기용으로도 사용해 보기로 했다. 물론 직접적일 순 없지만 안에서 내 성정을 다스리는 누름돌은 나를 나답게 해주는 도구가 될 것이었다. 그리고 그 내면에서 어린 날의 동화를 일으키고 그 동화 속 고향을 통해 삶의 뿌리가 어디에 근거하는 것이며 물질 만능의 시대라지만 무엇으로도 바꿀 수 없고 소멸시킬 수도 없는 것이 있음을 말하려 하였다.

세상에는 변해야 하는 것도 있고 변하지 않아야 하는 것도 있다. 지난 것이 역사가 되지만 그 역사는 수정될 수도 없고 수정되어서도 안 된다. 그것 자체로 의미가 있는 것이며 그걸 통해 현재와 미래의 설계와 방향을 잡기도 한다. 누름돌은 내 안의 성품을 누르는 도구일 수 있지만 이 시대 사람들의 지나친 욕심과 타인을 배려하지 않는 마음, 필요 이상으로 넘치게 만드는 것들, 꼭 그렇게 하지 않아도 될 것들에 대한 경종이기도 하다.

크로노스 삶의 시간은 누구에게나 공평하게 주어지지만 그것을 카이로스의 시간으로 어떻게 쓰느냐는 각자의 몫이다. 누름돌은 때로 그런 조절기능을 도와주는 것이기도 하다. 할머니가 가신 지 어언 30년이다. 그런데도 내게 할머니는 어제까지 계시던 분이다. 아니다. 조금 전까지도 계시던 분이다. 그러나 지금은 아니 계시는 분, 어머니의 정을 모르고 자란 내게 외할머니는 어머니였고 어머니 이상이었다. 그분에게 나란 존재 역시 손주 이상이었다. 살아있는 의미, 살아가는 목적일 수도 있었다.

나이가 아무리 들어가도 그런 할머니 앞에 나는 항시 어린아이이고 할머니께 어리광을 부리고 싶은 존재다. 세상이 힘들면 더욱 그랬다. 누름돌에 그런 내 마음과 그리움과 안타까움을 담아봤다. 하지만 그걸 독자에게 온전히 드러낼 수는 없기에 나도 모르게 얼마큼씩은 주춤거렸고 그게 독자에겐 또 어떻게 전달되었을지 모른다. 나와 같은 마음이 되는 이에겐 내가 보여주지 않은 마음까지도 들여다보일 거로 생각한다. 어쩌면 그런 한 명의 독자를 더 원하는지도 모른다. 누름돌은 여전히 어리기만 하고 철이 들지 못하는 내게 아니 어른이 되어버리거나 온전히 철이 들지 않고 어리광을 부리고 싶은 존재로 남고 싶은 또 하나의 나를 그려보고 싶은 것인지도 모르겠다. 그 중심에 할머니가 어머니로 계셨다.

  그리움은 영원히 꺼지지 않는 촛불인 것 같다. 타오르는 만큼 더 긴 심지에 더 큰 불꽃의 그리움이되 촛농이 녹는 안으로는 더 깊어지는 바람, 종내는 내가 그 촛불이 되는 것이리라.

－월간 『문학도시』 2015년 9월호

장모님의 흔들의자

장모님이 돌아가셨다. 그런데도 여전히 살아계시는 것만 같다. 거실 흔들의자에 앉아 여느 때처럼 "지금 오는 거여?" 하며 반기시는 것만 같다.

돌아보니 모든 것이 감사한 것뿐이다. 결혼하면서 첫 번째 기도 제목이 처가 쪽의 구원이었다. 하지만 아내는 나를 따라 교회로 나왔지만 장인 장모님과 아내의 남은 5남매 어느 누구도 교회엔 관심조차 없었다. 아무리 두드려도 열릴 것 같지 않은 문이었다. 그런데 사업에 실패한 큰처남이 교회에 나가게 되면서 다시 희망이 생겼다. 드디어 오랜 기도 끝에 장모님께서 마을에 있는 교회에 등록을 하셨다. 이내 세례도 받고 명예집사 추대까지 받으셨다. 집에서 구역예배도 드리게 되었다. 장인어른이 반대를 안 하시는 것만도 감사하다 생각했다. 하지만 장인어른의 구원을 위한 아내와 나의 기도는 계속되었다. 그러면서도 장인어른이 교회에 나가 예배를 드리는 그림은 그려지질 않았다. 그런데 하나님께선 나의 이런 긴가민가 기도에까지도 응답을 준비하고 계셨다.

 장인어른께서 입원하셨다. 머리가 깨지는 것처럼 아프다며 전혀 기운을 못 차리셨다. 온양의 병원에서 서울 아산병원으로 긴급 후송되었다. 정밀검사 결과 다행히 큰 문제는 발견되지 않아 며칠 만에 퇴원할 수 있게 되었지만 입원 중에 나는 목사인 사부인께 장인어른을 부탁드렸다. 그런데 사람이 아프다 보면 마음도 약해진다고 하더니 그래서일까. 너무 쉽게 교회에 나가시겠다며 예수님을 받아들이셨다. 하지만 장인어른이 교회당에 앉아 예배드리는 모습은 여전히 그림이 그려지지 않았다. 그래도 분명히 장인어른은 교회에 나가시겠다고 약속을 하신 것이다.
 퇴원하는 날 우리 집으로 모셨다. 그리고 집에서 사부인 목사님과 함께 예배를 드렸다. 내가 기도를 했다. 한데 기도를 시작하기 전부터 눈물을 억제할 수가 없다. 내 어쭙잖은 기도, 의심이 잔뜩 깃든 같잖은 기도도 들어 주신 하나님, 아니 아내와 나의 40년 기도보다도 87년이나 장인어른의 마음이 열리길 기다려 주신 하나님을 생각하니 흐르는 눈물을 어찌할 수 없었다. 한

치 앞도 내다보지 못하는 인간, 내 기준, 내 생각으로 판단하며 그림으로도 그려지지 않던 장인어른의 교회 출석이 현실로 다가왔다는 생각에 가슴이 터질 것 같았다. 그럼에도 마음은 불안하고 급해져 사부인이 갖고 계신 성경에 아예 이름을 써서 드리자고 부탁드렸다. 그렇게 장인어른은 당신의 이름이 써진 생애 첫 성경책을 선물 받았고 다음날 토요일 아침 일찍 아산의 댁으로 내려가셨다.

주일 새벽 아내가 바쁘다. 뭐 하느냐 했더니 아무래도 불안하다며 내려가 아버지를 모시고 교회에 가야겠다고 첫차로 시골로 내려갔다. 그랬는데 아내가 우리 예배 시간에 교회로 와 있지 않은가. "교회에 나가시겠다고 약속을 했는데 딸이랑 같이 교회로 가면 끌려가는 것 같지 않느냐. 빨리 올라가 너나 교회에 가라."며 장모님으로부터 호된 야단을 맞고 왔다는 것이다. 다행히 아내의 6촌 오빠가 교회 권사로 있어서 장인어른을 모시고 맨 앞자리에 가서 앉아 예배를 드렸다고 한다. 거기다 예배 후 목사님께서 하루에 3장씩 성경을 읽으면 1년이면 한 권을 다 읽을 수 있다며 성경 읽기도 권하셨다고 했다. 장인어른은 그 후 한 번도 거르지 않고 교회에 출석하시고 매일 3장씩 성경을 읽으신단다.

어느 날 장인어른 댁에 갔더니 "석 장씩 읽으면 1년이면 읽는다고 하더니 일 년 안 되었는데도 다 읽었다." 하시며 성경 읽기 표를 보여주셨다. 보니 세 장이 1,2,3장이 아니라 책의 석 장 그러니까 매일 6페이지를 읽으셨던 것이다. 그런 장인어른은 지금도 한결같이 당신의 책임량인 석 장 곧 하루 6페이지씩의 성경을 읽고 계시고 7년인데 벌써 10독을 넘으셨다. 참으로 놀라우신 하나님의 은혜가 아닐 수 없다. 장인어른은 다음 해 88세에 세례를 받으셨고 명예집사를 거쳐 95세인 현재 명예권사감리교로 지난해엔 최우수 교인상도 받으셨다.

  장모님이 거실에서 넘어져 병원으로 실려 갔단다. 온양의 병원에서 응급수술을 받았는데 수술은 잘 되었다고 한다. 아내는 바로 내려가 중환자실의 어머니를 뵙고 왔고, 다음 날부턴 직장 일이 끝나면 버스로 온양까지 가서 병원에 들러 오곤 했다. 하지만 나는 시간을 못 내 마음만 급할 뿐 어찌하지 못하다가 8일째 되는 날, 마침 다음 날은 새벽에 내려갈 수 있을 것 같아 그러기로 하고 아내만 먼저 내려보냈다. 그런데 딸아이가 외할머니 뵙고 싶다고 젖먹이 아기까지 집에 남겨둔 채 병원엘 가서 할머니 얼굴도 닦아드리고 미음도 먹여드렸다고 했다. 중환자실에 계시는 할머니인데 책임자에게 부탁해서 들어가 그렇게 해드렸다고 한다. 집에 돌아온 나는 내일 새벽에 내려갈 준비를 하고 있는데 갑자기 마음이 이상해졌다. 해서 그 길로 아산으로 내쳐 내려갔다. 아침에 나만 내려갈 것이 아니라 아내와 장인어른까지 모시고 가려는 심산이었다.

처가에 도착하니 밤 10시 5분이었다. 딸도 아이가 아빠랑 잘 논다고 혼자 계신 할아버지와 함께 자고 아침에 한 번 더 할머니를 뵙고 가겠다고 같이 와 있었다. 그때 전화벨이 울렸다. 병원이었다. 지금 빨리 병원으로 오라 했다. 앉아보지도 못한 채 바로 장인어른과 아내와 딸을 차에 태우고 병원으로 달렸다. 사람 목숨이란 결코 사람의 것이 아니라더니 낮까지도 괜찮으셨다는데 갑자기 상태가 안 좋아졌다고 했다. 아니 산소호흡기 때문에 숨을 쉬는 것이지 이미 돌아가신 거라고 했다. 눈앞이 깜깜해졌다. 의사로부터 상황 설명을 듣고 서울과 인천으로 두 처남들에게 전화를 했다. 이미 시간은 밤 11시였다.

처형과 두 처제에게도 전화를 했다. 모두 내려오려면 새벽 세시는 되어야 할 텐데 그것도 임종은 볼 수 없는 것이어서 의논 끝에 우리만으로 임종을 지키기로 했다.

장인어른과 아내와 나, 그리고 함께한 딸아이 등 우리 식구 셋이 장인어른을 모시고 예배를 드렸다. 찬송을 부르고 기도를 했다. 구순의 장인어른은 상황을 짐작하신 듯 아내의 얼굴을 쉼 없이 매만지며 닦아주시고 우린 기도와 찬송을 계속했다. 의사가 모든 기능이 정지되었음을 알리고 사망선고를 했다. 딸네 가족의 찬송과 기도와 남편이 지켜보는 가운데 아주 편안한 얼굴로 돌아가신 장모님, 장모님은 그렇게 돌아가셔서 추석 전날인 토요일 장례를 지내게 되었다. 장모님은 돌아가시기 이틀 전 막내딸이 오자 누군가 자꾸 당신을 마차에 태워 빛나는 문 안으로 들어가자고 한다 하시더란다. 장모님이 안 타시겠다고 해도 강제다시피 어서 타라고 하더란다. 빛나는 문, 장모님은 필히 천국에 가셨을 것 같다.

안수집사가 되면서 내 가장 큰 고민이 '만일 두 어른이 돌아가시면 장례를 어떻게 모셔야 할까.'였다. 아무도 믿지 않는 가정에서 둘째 사위와 둘째 딸이 기독교식으로 하자고 해봐야 먹혀들 리가 없었다. 그런데 하나님께선 장모님과 장인어른을 교회로 인도하셔서 믿지 않는 여러 자식이 반대할 수도 없게 당신의 마지막까지 준비케 해 주셨고, 돌아가시자 다니시던 교회의 하얀 가운을 입은 천사 같은 찬양대의 찬송 속에 장례 되었다.

임종은 볼 수 있는 사람만 볼 수 있다더니 6남매 중 둘째 딸네인 우리 가족만 임종을 지킨 것이다. 모든 장례가 참으로 아름답고 은혜로웠다. 어느새 장모님이 가신 지 세 번째의 기일이 다가온다. 장모님이 늘 앉아계시던 흔들의자는 여전히 장모님이 늘 앉아계시던 그 자리를 지키고 있다. 평소에는 장인어른이 앉으시겠지만 내가 내려가면 거기에 앉곤 한다. 앉아서 흔들흔들 장모님을 생각한다. "지금 오는 거여?" 늘 그러셨던 장모님은 아니 계시지만 의자를 보면 장모님이 앉아계시는 것만 같다. 어쩌면 흔들의자는 아직도 이 집의 중심이 장모님이라고 말하는 것 같다. 문을 열면 바로 보이는 장모님의 산소, 어쩌면 장모님은 묘소와 집을 오가며 가끔씩은 흔들의자에도 앉았다 가실 것 같다. 거동이 불편하셔서 의자 신세를 진 게 몇 년이었던가. 그곳에 앉아 모든 것 다 챙기시며 진두지휘하시던 삶들을 이젠 장인 어른이 하신다. 이제는 연세가 많으셔서 잘 듣지도 못하시지만 가끔씩 버릇처럼 흔들의자를 쳐다보는 것은 장모님의 지시를 받는 것처럼 보인다. '나 당신 없어도 잘 지내. 걱정하지 말고 잘 있어. 나도 곧 갈게.' 그렇게 말씀하시는 것만 같다. 자식들이 내려오면 하나같이 그 의자에 앉아보곤 한다. 어머님 생각이 나서이기도 하겠지만 그렇게 앉아계시던 어머님을 흉내 내 보고 싶기도 해서일 것이다. 오늘은 내 차지다. 장모님처럼 흔들거려 본다. '편안혀?' 장모님이 꼭 그러시는 것만 같다.

—『청운교회』 2019년 8월

파카 만년필 잘 쓰고 있습니다

　오랜만에 원고지에 만년필로 글을 쓴다. 원고지도 펜도 서먹하고 생경스럽기까지 하다. 한데 몇 자 써가자 펜에서도 따스함이 느껴지고 원고지도 이내 친숙해진다. 사실 얼마나 오랫동안 함께했던 것들인가.
　이 만년필은 공덕룡 선생님이 주신 것이다.『수필과 비평』「원로작가를 찾아서」를 연재할 때였으니 1998년이었던 것 같다. 공덕룡 선생님 댁을 찾았었다. 분당 이매동 아름마을의 아파트 9층이었다. 마침 사모님도 안 계셔서 우리끼리만 세 시간이나 문학을 비롯 이런저런 이야기를 많이도 나눴다. 그 내용은『수필과 비평』연재물로 실렸었고, 그 후 출간된『문학에게 길을 묻다』 2008. 수필과비평사 63쪽에서 76쪽까지로도 실렸다. 인터뷰 당시엔 75세로 단국대학교 명예교수셨다.

인터뷰를 마치고 나오려는데 잠깐 기다리라며 서재에서 뭘 가져오셨다. "이건 나보단 최 선생이 더 필요할 것 같네. 좋은 수필 많이 쓰시오." 하며 주신 것이 이 만년필이다. 1993년에 출시된 파카PARKER 소넷SONNET으로 파카 75의 후속작이었다. 은색인데 좀 무겁다는 느낌이 들고 18K 펜촉이라는데 써지는 것이 경쾌하진 못해 사용은 잘 안 했었다. 하지만 만년필을 좋아하는데다 고급스럽기도 하고 또 선생님과의 인연이 있는 것이라 가끔씩 꺼내어 사용하곤 한다. 한자로 '國務總理 金鍾泌'이라고 두 줄 글씨로 새겨져 있다. 당시 김대중 정부 출범과 함께 국무총리로 임명되었으나 국회의 과반수 의석을 차지한 거대 야당 한나라당이 인준을 거부해 6개월이나 '서리'를 못 떼어내고 있다가 그걸 떼게 되자 기념으로 이 만년필 몇 개를 만들어 특별한 분들에게 나눠준 것이란다. 그때 학계 대표로 공덕룡 교수님께서 받으셨던 것을 내게 주신 것이었다. 그러고 보니 주신 분도 받은 분도 지금은 다 돌아가셨고 그사이 세월은 어느새 21년이나 흘러버렸다. 마침 선생에 대한 글이라 이 만년필로 쓰고 있는데 오랜만에 꺼냈는데도 오히려 펜 나가는 느낌이 전보다 좋다.

굵은 목소리에 거대한 체구이지만 그 큰 손에서 느껴지는 강한 따스함만큼이나 선생은 내게 늘 다정하셨다. 수필문우회의 합평 때는 특유의 재미있는 말씀도 하셔서 분위기를 밝게 해 주셨다. 인터뷰 때 선생께서 해 주셨던 말씀은 지금도 내가 강의 때 인용하기도 한다. 좋은 수필이란 즐거움을 주는 수필이어야 한다는 것으로 정서적, 지적, 심미적 즐거움, 깨달음과 유머와 위트가 있어야 하고, 수사학적 즐거움 등 여섯 가지 중 최소한 두 가지의 즐거움은 주는 수필이어야 한다고 하셨다. 그러면서 우리 수필이 제재의 폭도 넓히고 고정관념도 버리고 상상의 세계를 가미해야 발전할 수 있다고도 하셨다.

인터뷰가 끝나자 목이 칼칼하다시며 맥줏집으로 가자 하여 맥주 한 잔을 앞에 놓고 마주 앉으셨던 선생의 참으로 넉넉해 보이시던 마음은 그대로 내게로도 전해져 왔었다.

공덕룡孔德龍 선생은 호가 '魯雲노운'으로 1923년 7월 평안남도 덕천에서 태어나 2007년 7월 84세로 돌아가셨다. 7월에 태어나 7월에 가신 것이다. 태어나긴 평남 덕천이지만 춘천에서 자라서 고향을 춘천이라 하셨다. 하지만 덕천마을의 이름을 따서 '덕룡德龍'이란 이름을 지을 정도로 부친께선 고향을 사랑하셨던 것 같다. 고려대 영문학과와 뉴욕주립대 문학 박사로 1957년 『자유문학』에 「분뇨담糞尿談」으로 등단해서 해학 넘치는 좋은 수필들을 쓰셨다. 「분뇨담」은 외지에 보도된 '하니 보트분뇨 운반선'에서 힌트를 얻었는데 무단 해양 투기선인 '꿀배밀선'란 호칭이 재미있어서 쓰셨다고 했다.

영국 에세이를 우리 수필 문단에 제대로 소개한 분이시며 찰즈 램의 『엘리아 수필』 전도사셨다. 「꿈속의 어린이」, 「굴뚝 청소부」, 「오래된 도자기」, 「돼지구이 포」, 「만우절」 등은 꼭 읽어보라 말씀하시곤 했다. 2007년 6월 29일 유경환 선생이 돌아가셔서 슬퍼하고 안타까워하는 중인데 그 다음 다음 날인 7월 1일 선생이 돌아가셨다. 강남성모병원 장례식장에서 영정사진으로 마지막 뵌 선생님, 그게 어느새 또 12년이다. 참으로 세월이 빠르다.

선생께서 주셨던 『귓불을 비비며』1985. 범조사, 『웃음의 묘약』1991. 에이엠, 『수필이 뭐길래』1995. 문예연구사 그리고 『MODERN ESSAYS』 1995. 신아사가 내 책장에 가지런히 꽂혀있다. 이 세상을 떠나면 금방 잊히는 사람도 있지만 오래도록 기억되고 그리워지는 얼굴도 있다. 가신 지 열두 해가 지났는데도 선생의 그 후덕하고 푸근한 모습이 눈앞에 선명하다. 『대한민국 국회보』에 실을 원고를 청탁했더니 「다이애나론」이라는 작품을 주셨다. 다이애나 1주기쯤이었을 거다. 한데 내용 중 곤란한 부분이 있었다. 여·야 국회의원들이 다 보는 잡지인데 조금 문제가 될 부분이 있어서였다. 여러 번을 통화하며 내용을 고쳐 실었던 기억도 난다. 그만큼 선생은 나를 참 편하게 대해 주셨다. 올해에는 부산의 이병수, 보령의 강범우, 광주의 김수봉, 서울의 주영준 선생 등 수필가가 우리 곁을 떠나셨고, 엊그제는 우리와도 노운 선생과도 수필문우회에서 늘 함께하시던 정진권 선생이 돌아가셨다. 한 분 두 분 우리를 떠나실 때마다 먼저 가시는 선생님들에 대한 그리움이 커지는 것은 그만큼 우리에게 주셨던 사랑이 크셨음이리라. 노운 공덕룡 선생님 그립습니다. 선생님께서 손에 쥐고 써 보셨을 이 만년필로 선생님을 향한 그리움을 달랩니다. 오늘은 아무래도 선생님의 등단작 「분뇨담」이라도 다시 찾아 읽어봐야겠습니다. 노운 선생님 다시 뵙고 싶습니다. 그립습니다. 사랑합니다.

―『계간수필』 2019년 가을호

닦아야만 빛나는 것

　나이가 들면 눈만 어두워지는 게 아닌가 보다. 요즘 들어 이상스레 시도 때도 없이 마음이 불안해지곤 한다. 숙제를 하지 않은 채 등굣길에 올랐던 초등학생 때처럼, 마감 날에도 등록금을 못 가져가 담임 선생님 얼굴을 피하던 고등학생 때처럼 마음이 콩닥콩닥 뛰는가 하면 불안감에 영 일이 손에 잡히지 않기도 한다.
　눈이 잘 안 보이면 안경을 써서 보완하면 되지만 마음이 밝지 못하면 그저 시간을 두고 기다릴 수밖에 없다. 불안하다는 것은 뭔가에 자신이 없다는 것이요, 자신이 없다는 것은 역시 무언가에 적극적으로 나설 수 없다는 말이다.
　나이가 든 현상으로 몸이 둔해진다지만 몸에 앞서 마음이 먼저 여려지고 자신 없어지는 것이 아닐까 싶다. 딱히 무슨 일을 해야겠다고도 생각 못 하면서 괜스레 불안해지는 마음은 결코 여유로운 마음에서 오는 것은 아니다.

며칠째 날씨가 추웠다. 몇 년 전에 옷을 가볍게 입고 밖엘 나갔다가 집 앞에서 심장이 멎는 것 같은 한기를 느끼며 옴짝달싹을 못 했던 기억이 있는데 어제 다시 그런 순간을 맞았다. 평상시 늘 열이 많다고 생각하여 시원하게 옷을 입었고 내의를 입지 않았는데 어제 혼이 난 후론 찬바람이 그냥 무섭다. 급기야 내의를 샀다.

몇 년 전 신장 기능이 50%밖에 안 된다는 진단을 받고 놀랐었는데 추위에도 겁을 내는 나를 보며 순간 부끄럽기도 하고 왜 이리되었나 마음이 편치가 않다. 매사가 마음먹기에 달렸다는데 내가 너무 지레 겁을 먹고 있는 건 아닐까.

하지만 지금의 내 나이란 모든 걸 조심해야 할 때라는 생각도 든다. 독수리는 자신의 몸이 무거워져 제대로 날 수가 없고 발톱이 무뎌져 사냥을 할 수 없게 되면 새롭게 다시 태어날 것인가 그냥 그대로 죽을 것인가의 두 길에서 하나를 택한다고 한다. 다시 태어나고자 한다면 높은 산 바위 위에 올라가 자신의 몸에 나 있는 모든 털을 다 뽑아버리고 발톱도 뽑아버린단다. 그렇게 하면 새롭게 털이 나고 발톱도 새로 나게 되는데 털은 가볍고 발톱은 날카로워 다시 제2의 전성기를 누릴 수 있다는 것이다. 하기야 그렇게 되기까지의 결단과 고통이 얼마나 크고 어려웠겠는가마는 그 길 외엔 다른 방법이 없다는 것을 너무도 잘 알고 있기에 그렇게 한다는 것이다.

내 나이도 바로 그런 때가 아닌가 싶다. 사람은 59, 60, 61세가 전환기라고 한다. 그 나이에 가장 많이 죽는 것도 이유가 있다는 것이다. 그때만 잘 넘기면 70세까지 쉽게 가고, 또 거기서 69, 70, 71세의 3년을 잘 넘기면 80세까지 간다 했다. 그러고 보면 사람의 마음이 먼저 늙지 않아야 할 것 같다. 마음이 늙어버리면 비록 몸이 젊어 보여도 실제로는 젊음을 느낄 수도 없고 누릴 수도 없을 뿐 아니라 의욕적인 삶으로 나아갈 수도 없기 때문이다.

천사들이 세상을 닦고 있더란다. 왜 닦느냐고 했더니 세상이 너무 더러워져서라고 했다. 그런데 천사의 손이 닿자 산과 바다와 나무들이 푸르고 맑고 깨끗하게 빛나는데 한 가지는 그대로더란다. 왜 그것은 닦아도 빛이 나지 않느냐고 물었더니 그건 사람의 마음인데 마음은 자신이 닦아야만 빛을 낼 수 있다고 하더란다. 다른 것은 남이 해 줄 수도 있으나 마음 닦기는 자기가 아니고는 안 된다는 거였다. 어찌 마음뿐이랴. 자신의 건강도 삶도 스스로 가꾸고 닦아야 좋아지고 밝아지고 튼튼해질 것 아닌가.

코로나와 함께 유난히 추웠던 겨울만큼 이번 봄은 더욱 반가울 것 같다. 하지만 정작 어서 갔으면 했던 계절이 가고 어서 왔으면 하는 계절이 와도 기쁠 수만은 없는 것은 내 삶의 날들이 그만큼 가버렸다는 아쉬움이 아닐까. 그러나 실내에만 둔 난에선 꽃이 피지 않는 것처럼 겨울을 지낸 우리네 삶 또한 겨울 찬바람을 쏘여야 아름다운 봄을 맞을 수 있지 않을까. 영원이 아니라 단락으로 끝나는 인생이기에 살아있음이 아름답고 귀하고 축복이라 하지 않을까. 그러니 살아있는 동안 주어진 삶에 감사하고 그 삶을 통해 나의 가치를 발산해 내서 내 존재성을 나 아닌 남도 알게 해 줄 필요가 있지 않겠는가.

그렇고 보면 눈이 어두워지는 것도 하늘의 섭리요 자연의 순리가 아닐까 싶다. 나이가 많아지면 입이 가벼워진다는데 보이는 것마다 다 참견하고 맘에 안 든다 한다면 어느 누가 좋아할까. 덜 보고 못 보아야 모르고도 넘어갈 것 아닌가. 대신 마음을 편하게 갖고 밝게 갖기 위해서는 더욱 노력해야 할 것 같다. 그러고 보면 내가 닦아야만 빛나는 것이 마음만도 아닌 것 같다. 귀도 닦고 눈도 닦고 입도 닦아야지 않을까.

딩동, 벨 소리가 난다. 이어 "할아버지!" 하는 손녀의 소리가 들린다. 문을 열면 내 키 가까이 자라버린 손녀가 할아버지를 바라볼 것이다. 이제는 손녀와 눈을 맞추기 위해 무릎을 꿇거나 안아 올리지 않아도 손녀의 눈과 마주할 것이다. 그 초롱한 맑은 눈처럼 마음도 맑아지는 순간이다. 그러고 보면 그렇게 내 키를 낮추던 때가 어제 같은데 아마 내년쯤엔 내 키와 같거나 넘어버릴 수도 있겠다. 손녀의 마음과 같아지는 것도 내 마음을 닦는 일 아닐까. 그럼에도 초등학교를 졸업하는 아이의 눈 속에서 내 때 낀 마음을 본다. 내가 닦지 않으면 맑아질 수 없는 내 마음, 순간 나도 몰래 내 눈인 안경을 닦는다. 흐려진 안경은 닦아질 것이나 나이 칠십을 넘어버린 마음은 손녀의 마음을 헤아릴 수나 있을까.

-계간 『창작수필』 2020년

만 원짜리 웃음

좀처럼 웃을 일이 없는 요즘이다. 그런데 오늘은 아내와 나 그리고 집에 들른 아들까지도 함께 정말 신나게 웃어봤다. 재롱을 떠는 녀석 때문에 얻은 오랜만의 즐거운 웃음잔치였다. 그러니까 강의 녹화를 마치고 전철을 탔는데 갑자기 내 앞으로 꼬마 자동차 하나가 쌩하고 달려왔다. 그것도 날개를 활짝 펼친 채 번쩍번쩍 형형색색의 빛을 발하며 달리는 자동차였다. '드림 슈퍼 카'라고 했다. "문 열어!" 하자 네 개의 차문과 트렁크까지 활짝 열질 않는가. 그뿐인가. "돌아!" 하자 빛을 품으며 현란하게 뱅글뱅글 돌질 않는가. "앞으로 가!" 하자 앞으로 씽 나아간다. 놀라웠다. 음성인식을 해서 음성 지시에 따라 꼬마 자동차가 움직이는 것이다. 내가 신기해하며 바라보자 자동차 상인은 5만 원인데 2만 원씩에 팔다가 두 대 남아 지금은 만 원씩에 주겠다고 했다. 내가 우리 집엔 이걸 가지고 놀만 한 아이들이 없다 손주들도 다 학생이라고 했더니 이건 어른들도 잘 갖고 노는 장난감이라며 만 원밖에 안 하는데 사라는 것이었다. 조금만 이성적으로 생각하고 그런 눈으로 주위를 바라보기만 했다면 나도 분명 사지 않았을 것이다. 그런데 순간적으로 이 많은 사람 중 하나도 안 사주는구나 하는 동정의 마음이 내 생각을 먼저 지배해버렸고 어른들도 갖고 노는 장난감이란 말이 나를 합리화시켜 나도 아이처럼 갖고 싶다는 생각을 들게 해버렸다. 나이가 들면 생각이 아이가 된다더니 그러고 보면 요즘 나도 부쩍 아이스러워지고 있다는 것을 느끼고 있었는데 이번에도 분명 내 마음이 그렇게 솔깃해져 버렸다는 것이 느껴졌다. 나도 모르게 지갑을 열고 돈을 지불했다. 그렇게 집으로 오게 된 음성인식 슈퍼카였다.

저녁을 먹고 나서 문득 슈퍼카가 생각나 가방 속에서 그걸 꺼냈다. 아들과 아내가 보는 앞에서 거실 바닥에 차를 놓고 스위치를 켠 후 "문 열어!" 했더니 모든 문을 다 열면서 역시 현란한 빛을 발산했다. 나는 다시 "앞으로 가!" 하고 명령을 했다. 그랬더니 앞으로 가기 전에 뱅글뱅글 몇 바퀴를 신나게 돌고는 앞으로 죽 나가는 것이 아닌가. 아내와 아들이 놀라워하며 박장대소를 했다. 나는 의기양양해서 "뒤로!" 했다. 그러나 녀석은 뒤로는 아니고 또 뱅글뱅글 돌더니 앞으로 나아갔다. 가다가 장애물이 있으면 살짝 비켜 가기까지 했다. 세상에나 만 원짜리 장난감 차가 음성을 인식한다는 것이 너무 놀랍고 신기했다. 너무 재미있어서 몇 번이나 해보았다. 셋은 참으로 유쾌하게 이것을 보면서 한 일 년 웃을 것까지 몰아서 실컷 웃었다. 정말 오랜만에 웃어보는 것 같다. 그런데 조금 이상하다는 생각이 들었다. 말을 알아듣는 것 같기고 한데 어찌 보면 음성과 관계없이 패턴에 따라 작동이 되는 것 같다는 느낌이 들었다. 해서 아무 소리도 않고 아들과 찬찬히 움직이는 것을 살펴봤다. 아하! 그러면 그렇지. 만 원짜리 장난감 차가 음성인식을 한다고 생각하는 자체가 얼마나 바보스러운가. 그건 음성인식을 하는 것이 아니라 일정 패턴에 의해 순서에 따라 작동되는 것이었고 그걸 팔던 사람은 그 동작 순서에 맞춰 마치 음성인식을 하며 명령을 따르는 것처럼 거기 맞게 말을 곁들였던 것이다.

어쨌든 그럴싸한 장난감 자동차를 만 원에 사서 이만큼 즐거운 웃음을 웃었으니 그거만으로도 그만한 값은 충분히 한 거 같다. 물을 판다든가 산소를 판다든가 하는 행위가 전혀 생소하지 않은 시대가 아닌가. 그렇다면 5분을 웃게 한다든가, 10분을 웃게 해 준다며 그걸 돈을 받고 판다면 필요에 따라 살 수도 있지 않을까. 코로나로 세상이 온통 막힌 담 속의 삶 같다. 보이긴 해도 투명한 칸막이가 되어 있고 2m라는 거리 간격이 의무로 주어지고 마스크로 봉인된 우리의 입은 가능한 할 말을 자제하고 있다. 이러한 때 단돈 만 원에 이만큼 실컷 웃게 해 준다면 그걸 사지 말란 법은 없다.

웃음을 사전에선 쾌적한 정신활동에 수반된 감정반응이라고 했지만 웃음이란 흐린 날이 맑아지며 떠오르는 해처럼 사람의 기분과 마음을 순식간에 좋게 만들어버리는 마력이 있다. 물론 어이없는 일이 생겼거나 너무 큰 슬픈 일이 생겨도 나오는 게 웃음이긴 하다. 하지만 "웃는 얼굴에 침 못 뱉는다."는 속담처럼 미운 짓을 했더라도 웃음기 있는 얼굴을 보면 미움조차 풀어지기 마련이다.

아들이 아이들이 집에 오면 좋아하겠다며 주섬주섬 차를 챙겨 넣는가 싶었는데 한 번 더 해보고 싶었는지 스위치를 켠다. 순간 '삐룩삐룩 쐬아 쐬아.' 소리를 내며 빛살을 뿌려대는 슈퍼카가 뱅글뱅글 몇 바퀴를 신나게 도는가 싶더니 내 앞으로 쏜살같이 달려든다. 그래 알았다. 내가 널 데려왔단다. 아이들이 오면 그 때도 이렇게 즐겁게 해다오. 그러고 보면 오늘은 참으로 수지맞은 날이다. 만 원짜리 웃음이 아니다. 만 원의 행복이다. 아니다. 만 원으로는 결코 살 수 없는 웃음과 행복을 오늘 나는 횡재했다. 스위치를 끄고 상자에 넣는 아들의 입에도 분명 나와 같은 웃음꽃이 피었을 것이다. 그렇게 우리 삶은 소소한 데서 행복해지는 것 아니겠는가. 만 원으로 산 큰 행복이다.

―『계간수필』 2020년 겨울호

지구의 숨비소리

정겨운 두 바퀴의 해 2020년이 저물고 있다. 유난히 희망도 꿈도 컸던 해다. 내 나이도 어언 일흔에 들면서 이만큼에서 지나온 길과 나아가야 할 길을 돌아보고 바라보아야 했다. 한데 그런 생각조차 길게 할 수 없게 갑자기 겪어보지 않은 세계가 열려버렸다. 세상도 사람도 괜찮겠지 괜찮아지겠지 했다. 한데 바람 소리가 심상치 않아졌고 거기 따라 사람들의 숨소리도 이상해졌다. 순식간에 아무렇지도 않게 정답던 사이가 거리라는 이상한 처세를 만들고 서로의 손이 닿지 않을 만큼씩 간격을 두라 했다. 부모와 자식 간에도 오고 가는 것이 자유롭지 못하게 되고 만나는 것이 그냥 불편해지는 이상한 나라 이상한 세상이 되어버렸다.

무엇일까. 이 갑작스러운 변화는. 그리고 순간적으로 야박해져 버리는 사람들의 이 마음은. 갑자기 사람들은 너나없이 마스크로 얼굴을 가리고 눈으로는 누가 마스크를 쓰지 않았나 차가운 눈빛을 날렸다. 두려운 눈빛, 경계의 눈빛이었다. 신문과 방송의 뉴스는 시시각각으로 우리나라와 세계의 전염, 감염 상태를 최고의 뉴스로 보도하기 바빴고 거리가 한산해지는가 싶더니 재택근무로 근무 형태가 바뀌고 음식점들이 하나둘 문을 닫았다. 뿐인가. 올해 입학한 막내 손녀는 입학식은커녕 몇 달 동안 담임 선생님 얼굴조차 못 보고 제가 다녀야 할 학교에도 가보지 못했다. 눈만 빠끔히 내놓고 다니는 사람들도 되도록 거리를 두며 좁은 인도를 최대한 넓게 쓰려 했다. 다행히 공기 감염은 안 된다고 하여 숨쉬기는 괜찮을 성 싶었지만 자꾸만 마스크 속 숨쉬기가 불편하다 보니 재채기를 유발했다. 그러나 시간은 그런 우리에게 아주 냉담했다. 크로노스와 카이로스의 시간으로 우린 현재 속 과거와 미래를 함께 살아간다.

　지금 이 순간도 과거가 된다. 미래라고 생각했던 시간들이 현재가 되고 그게 이내 과거가 된다. 그렇고 보면 12월은 그런 크로노스와 카이로스를 함께 사는 달인 것 같다. 살아온 이만큼의 한 해도 그냥 숨죽이며 견뎌온 날들이었다. 이 모든 것이 쉬 지나가리라는 희망과 곧 새로운 내일이 올 것이라는 기대가 순간순간 숨비소리를 내게 했다. 우린 물속 아닌 세상 속에서도 숨을 멈추어야 했고 그러다가 참을 수 없으면 물 밖도 아닌 그 세상에서 참았던 숨을 토해내며 숨비소리를 냈다. 지구도 더 이상 늘어난 자동차의 매연이며 각종 공해에 참고 있을 수만 없다고 으름장을 놓고 있다. 결국 피해는 사람일 텐데도 왜 그걸 모르느냐고 경고하고 안타까워도 했다. 한데 반성도 후회도 않는다. 어쩌면 코로나도 인간의 그런 방임과 방종과 방만의 결과가 아닐까. 지구가 사람 편이기만 할 수 없다는 경고가 아닐까. 같이 살아야 하는데 건방 떨며 주제넘게 갑질을 해댄 인간들에게 가소롭다는 듯 일침을 가한 것이 아닐까.

과학 문명도 자연 질서를 파괴하면 안 된다. 눈만 호강하려 마음이 상하는 걸 계산하지 않았다면 그야말로 오산이다. 약육강식의 자연 질서도 조화다. 그마저 신비로운 자연현상이요 순리다. 한데 언제부턴가 자칭 만물의 영장이라며 인간은 기고만장해 있다. 창조주의 권위까지 넘보며 생명의 존엄성 내지 신비까지 건드리고 있다. 그런데 작은 미생물 하나에 전 인류가 이리 꼼짝 못 하고 있지 않는가. 그러면서도 여전히 콧대도 높고 눈도 높다. 그 오만방자함을 자비의 신이라고 어찌 보아만 주겠는가. 지구가 몸살을 앓고 있다. 숨을 쉬기조차 불편하다. 참아보지만 그것도 순간이다. 나처럼 숨이 길지 못한 자라면 어쩌겠는가. 지구의 숨비소리를 듣지 못한다면 인간의 숨이 더 빨리 끝날지도 모른다.

  신은 2020년대를 살아갈 우리에게 그 원년에 첫 시험을 주신 게 아닐까. 그 첫 시험을 우린 얼마나 지혜롭게 겸손하게 정직하게 통과할 수 있을까. 그게 어찌 사회만이랴. 정치 경제 문화 예술 어느 면에서도 위기임을 그리고 교만을 벗고 진정한 겸손의 낮아짐으로 아침 해와 저녁노을을 보며 일기를 살피는 겸손과 지혜로움을 펼쳐야 하지 않을까. 문학도 예외는 아니다. 초심을 잃고 있는 우리 문학 동네에 진실한 문학정신을 살려내야 하지 않을까. 독자와 작가, 작가와 독자, 입과 코를 가리는 마스크가 아니라 가슴과 마음을 닫는 마스크를 하고 있다면 더 큰 일이다. 지구의 숨비소리는 인간에 대한 경고이지만 마지막 기회임을 알려주는 친절한 사랑의 신호다. 이 기회까지 놓치면 안 된다. 2020년대의 시작에서 우린 크로노스와 카이로스를 함께 살고 있음을 잊어서는 안 되지 않을까. 내가 바로 그 책임자임을 잊지 말아야 할 것이다.

—월간 『한국수필』 2020년 12월호

금줄(禁-)

고추 몇 개와 숯 꽂힌 새끼줄이 걸려 있다. 고추가 끼워져 있는 것으로 보아 아들이 분명하다.

큰아이인 딸을 낳은 지 6년, 출산일이 가까워지자 아내는 출산 전에 친정에 다녀오겠다고 했다. 아무래도 해산을 하면 상당 기간 친정에 가기가 어렵겠다는 생각에서였을 것이다. 그런데 털털거리는 시골행 버스를 타고 가서였는지 친정집에 도착하자마자 산통이 왔고 급기야는 동네 의원을 불러 아이를 낳게 되었다. 장모님은 아이를 일곱이나 낳았으니 그 분야 실력자로 손주도 받을 수 있었겠지만 출가외인이라 혹시라도 원망 들을 일이 생길까 봐 사람을 불러다 아이를 받았다고 한다.

나는 다음 날에야 아내와 아기를 보러 갔다. 금줄이 먼저 나를 맞았다. 새끼줄에 끼인 고추가 날 보며 '아들이라네!' 그렇게 말하는 것 같았다. 아마도 농사지은 것 중 가장 튼실한 고추를 골라 금줄에 매단 것일 터였다. 그러고 보면 장인어른도 이런 금줄을 달아본 게 얼마만이겠는가. 삼십 년도 훨씬 되었을 터이니 더욱 감회가 새로우셨을 것이다. 무엇보다 집에서 출산하는 경우가 거의 없는 시대에 이런 일이 생겼으니 왼손 새끼 꼬기도 쉽지 않았을 터 당황도 하셨을 것 같다. 하지만 오랜만에 집에서 아기가 그것도 사내아이가 태어났다는 사실에 한껏 흥분이 되셨을 수도 있겠다. 그러고 보니 나는 이런 금줄을 한 번도 달아보지 못했다. 그때의 그 아이가 마흔 살이니 40년 전 일인데 새삼스레 오늘 왜 그때의 금줄이 생각난 걸까.

금줄이란 부정(不淨)한 사람이 함부로 드나들지 못하도록 문이나 길 어귀에 건너질러 매는 줄이다. 아이를 낳았을 때나 장을 담글 때나 전염병이 일어나 그런 잡병을 쫓고자 할 때 매어 놓는다. 내 어렸을 때도 대문 앞에 금줄이 쳐져 있는 것을 보면서 그 집에 아이가 태어난 것을 알곤 했다.

코로나19가 온 나라 온 세계를 여전히 흔들고 있다. 세계적으로 확진자가 수천만을 넘었고 사망자도 헤아리기 죄송할 만큼 많다. 벌써 3년째로 접어들며 초기대책을 잘못했다느니 못 했다느니 말들도 많았지만 지금은 백신을 세 번이나 맞은 나도 한 번은 더 맞아야 하나 싶을 만큼 불안이 계속된다.

무엇보다 마스크는 필수가 되어버렸다. 공기 감염은 없다지만 국민들의 불안은 그래도 마스크 확보가 제일 먼저다. 초기엔 사재기를 하거나 불법 유통을 하는 사람이 많아 부끄럽기 그지없었는데 지금은 공급이 넉넉하니 골라서 취향에 맞게 사용하면 된다.

어린 날 금줄이 쳐 있으면 친구네 집에 갔다가도 조용히 되돌아오곤 했다. 사람만이 아니라 소나 돼지가 새끼를 낳거나 강아지를 낳아도 금줄을 쳐놓으면 안 들어가는 게 예의였고 그 집 사람 또한 바깥출입을 자제했었다. 혹시라도 모를 나쁜 것을 묻혀올 수 있다는 생각에서였다. 뿐 아니라 서로 조심해서 그 집 가까이 가지 않았고 금줄을 거둔 후에야 축하도 했다. 한데 확진 판정을 받고도 백화점에 가거나 대중교통을 이용하여 전염을 시키는 사람들이 나오는 걸 보면서 무슨 생각으로 그러는지 이해가 되지 않는다.

코로나19로 학교가 다 휴교다. 아니 방학을 연장하고 있다. 딸네가 셋, 아들네가 둘, 다섯이나 되는 내 손녀들은 집에만 갇혀 있다가 드디어 할아버지 집으로 모여들었다. 얼마나 기다리던 시간이었는지 모른다. 초등학교 6, 5, 4, 3학년에 올해에 들어가는 1학년짜리까지 제 아빠 엄마가 차로 데려다 내려주고 떠나자 완전히 저희들 세상을 만나 환호성이다. 오자마자 언제까지 같이 있을 수 있느냐고 벌써부터 헤어질 순간을 걱정한다. 그렇게 첫 날이 가고 밤이 되었다. 아이들은 잠자는 시간도 아깝다며 밤새 워 놀겠다고 한다. 새벽 5시까지 무엇을 하는지 밤새워 놀더니 깜박 잠이 들어 아침 늦게까지 못 일어난다. 나는 그 아이들의 놀이 사이사이에 간식 담당이다. 출출하다면 짜빠구리도 만들어 주고 떡볶이도 해다 바친다. 제 할미는 과일이며 음료수를 챙긴 다. 아이들은 남김없이 먹어 치운다. 집안에서의 생활인데도 여 럿이 함께하니 즐겁기만 하고 전혀 무료하지 않은가 본데 나는 그새 몹시 답답하다. 한데 아내는 나더러도 밖으로 못 나가게 한다. 아이들이 갈 때까지는 집에만 있으란다. 아이들 데리고 바 깥바람도 쐬어주고 싶은데도 아들 며느리며 딸과 사위가 아이들 을 절대 밖에 못 나가게 하라고 했다며 나까지 자가 격리 상태 로 몰아넣는다. 그러고 보니 이 3일간은 내가 금줄이다. 아무도 집에 올 수도 없게 하고 나갈 수도 없게 하는 문지기 금줄 노릇 을 하란다. 세상이 바뀌니 금줄도 이리 바뀐 것인가. 마스크가 금줄이 되고 세정제가 금줄이 되고 내 몸이 금줄이 된다.

  금줄은 세이레 21일만을 쳐 두기도 하고 일곱이레 49일을 치 기도 했다. 그런데 이번 코로나19는 49일로도 어림없는 것 아닌 가. 세계로 나가는 항공기들이 사람 대신 짐을 실어 겨우 유지 를 하고 여행은 생각도 못 하니 이런 난리가 어디 또 있는가.

처음에 금줄을 제대로 치지 못해서일까. 아니다. 이젠 금줄도 상시로 쳐놓아야 할 판이다. 그래야 그나마 경각심이라도 생기지 않을까. 금줄은 방비니 초기가 아니라도 계속 쳐놓는 게 좋을지도 모르겠다. 그렇게라도 친 금줄이 제 역할을 얼마나 해 줄까. 아무래도 속히 이 어려움을 벗어나고 싶다는 염원의 표시이겠지만 그런 우리의 마음이 모아져서라도 속히 금줄을 내릴 수 있었으면 싶다.

장인어른이 외손자를 위해 금줄을 치시던 마음으로 코로나 시국을 맞은 나도 다섯 손녀를 몸으로 마음으로 금줄을 치고 있지만 제발 코로나19 금줄을 어서 빨리 거두었으면 좋겠다. 오늘은 아이들이 다시 올 날이다. 저들을 위해 할애비는 어떤 간식으로 저들에게 금줄을 쳐 줘야 할까. ─계간 『에세이21』 2020년 여름호

아 옛날이여!

카톡! 손녀가 사진을 보내왔다. 제 세 살 때 사진이란다. 한데 그때로 돌아가고 싶단다. 열 살짜리 초등학생이 뭐가 어때서, 무엇이 그의 지금을 힘들게 해서 어렸을 때 운운하는 것일까. 하기야 코로나19로 학교도 제대로 못 가고 집에 갇혀 있으면서 아빠 엄마 출근하고 나면 언니랍시고 동생도 신경 써야 할 테니 부담이 되었을 수도 있겠다. 요즘은 학교 수업도 영상으로 해야 하는데 동생 공부까지도 챙겨야 한다. 거기다 점심도 저 스스로 꺼내 먹고 동생도 돌봐야 하니 쉬운 일은 아니다. 뿐인가. 그날의 계획표에 따라 실천해 가야 하는 책임도 있으니 벅차지 않을 수가 없겠다.

사람들은 현재를 행복하다고 생각하기보다는 힘들다고 한다. 그러면서 옛날이 더 좋았다고 한다. 그땐 분명 지금보다 더 힘들었을 터인데도 지나놓고 나니 그때가 덜 힘들었던 것 같고 지금이 가장 힘든 것 같이 느껴진다. 어른인 나도 이때를 이겨내기가 쉽지 않은데 아무 걱정 없이 마음껏 뛰어놀기만 할 나이의 손녀가 그러지 못하니 얼마나 더 힘들겠는가. 하필 손녀가 사는 아파트엔 말썽이 난 신천지 집단의 여러 명이 살고 있어서 엘리베이터를 타는 것도 바깥에 나가는 것도 더 겁이 날 수밖에 없었단다. 그러니 더 조심해야만 했었고 그만큼 하루하루를 보내는 게 쉽지 않았을 것이다. 엄마가 다 챙겨놓고 나간다지만 그걸 꺼내 먹고 치우는 것도 버거운 일 아닌가. 거기다 언니랍시고 늘 동생 먼저 생각해야 하니 어른보다도 더 큰 부담을 느낄 법도 하다. 해서 그런 거 없는 어렸을 때로 돌아가고 싶다고 하는 것일까.

  손녀는 미국에서 태어났다. 아이가 돌 때 미국엘 갔었는데 녀석은 카시트에 앉혀지는 걸 죽기보다 싫어했다. 카시트에 앉는 순간 자지러져서 차에서 내리는 순간까지 울곤 했다. 신기하게도 카시트를 벗어나는 순간 언제 그랬냐 싶게 울음이 그치고 웃음으로 돌아왔다. 분명 아이를 불편케 하는 무언가가 있었을 것 같은데 그땐 그저 벨트에 묶이는 것이 싫어서일 거라고만 생각했었다. 지금 아이가 어렸을 때로 돌아가고 싶다는 이면에도 분명 그런 무언가가 있을 것 같다.

요즘은 아닌 게 아니라 하나같이 '아, 옛날이여'를 소망하고 있다. 무엇 하나 자유로운 게 없기 때문이다. 여행을 하는 것도, 식사를 같이하는 것도, 어떤 행사를 하는 것도, 심지어 장례식이나 결혼식은 알리기도 부담스럽다. 얼마 전까지만 해도 아파트 단지나 뒷산 운동기구들도 죄다 묶어놓았었다. 행여라도 전염물이 다른 사람에게 옮겨갈 수도 있다는 생각에 아예 차단을 하는 것이겠지만 영 마음이 편치 못했다. 마치 마지막 순간에 중환자실에서 수많은 줄에 의지해 숨을 쉬고 있는 환자를 보는 것 같았다. 나를 쳐다보는 그들이 애처롭기 그지없었다. 가위로 다 잘라내어 자유롭게 해주고 싶었다. 아무렇지 않게 자유롭게 무엇이든 이용할 수 있었던 몇 달 전이 정말 그립고 그립다.

이젠 내 곁을 떠나간/ 아쉬운 그대기에/ 마음속의 그대를/ 못 잊어 그려본다//

달빛 물든 속삭임/ 별빛 속에 그 밀어/ 안개처럼 밀려 와/ 파도처럼 꺼져간다.//

아 옛날이여/ 지난 시절/ 다시 올 수 없나 그날/ 아니야 이제는 잊어야지//

아름다운 사연들/ 구름 속에 묻으리/ 모두 다 꿈이라고/아 옛날이여//

1985년 이선희의 1집 앨범에 실렸던 인기곡이었는데 새삼 이 노래가 요즘엔 가장 부르고 싶어진다. <있을 때 잘해>란 노래처럼 옆에 있을 땐 그 소중함을 전혀 모르다가 정작 떠나가고 없으면 그의 존재가 한없이 그립고 소중해지는 것이 사람의 생각인 것 같다. 만나고 싶으면 아무 때나 연락해서 만나고, 먹고 싶은 것 있으면 언제든 어울려 나가서 사 먹을 수 있던 그 일상이 제한되고 정지되어 버린 순간 비로소 우린 얼마나 그런 평범함과 사소함이 큰 행복이었던가를 알게 되었다. 꽃이 피고 지는 것도, 열매가 열리고 익어가는 것도 제대로 눈여겨봐 지지 않고 뉴스에 눈 귀 기울이며 온 세계가 불안에 떨고 있는 것을 보면서 인간이란 존재가 이렇게도 나약한 존재인가를 새삼 깨닫는다.

요즘은 아이들 집에도 마음대로 못 간다. 할아버지 할머니가 혹시 못 갈 데를 갔다 왔는가 싶어 불안해하는 것도 있기 때문이다. 그보다 나이가 들고 보니 면역력도 저항력도 떨어져 나도 모르게 뭐가 생겼을지도 모르겠고 또 조심한다고 했어도 어디서 무엇이 묻었을지도 모르니 지레 겁이 날밖에 없다. 그러니 괜히 아이들 보고 싶다고 갔다가 문제를 일으킬까 봐 두려움이 앞서는 것이다. 캠핑 가서도 전염되고 차 마시러 가서도 감염이 되었다니 사람이 모이는 곳에 갔다 오면 금방 죄인이 되는 것 같아서이기 때문이다.

6·25시대를 살아온 우리에게는 사실 모든 게 다 어렵고 힘들었다. 초등학교 때만 해도 도시락을 싸 오는 아이는 반도 못 되었다. 고무신도 여러 차례 꿰매어 신고 다녔었다. 그런데도 지금에는 그때의 어려움이 잘 생각나지도 않는다. 오히려 요즘 지금이 더 어렵고 힘들게만 느껴진다. 풍요 속에 빈곤인가. 너무 편한 것이 병이 되고 너무 넘쳐 문제가 되는 세상에서 생각지도 않았던 코로나의 습격은 세상도 바꿔버려 수많은 다른 적응과 이해와 도전을 요구하고 있다. 발전이 다 좋은 것만도 아니고 풍요가 다 좋은 것만도 아니라면 배부른 투정일까.

사람은 조금 부족한 듯 사는 데서 오히려 행복을 느낀단다. 너무나 복잡하고 넘치고 빠르게 변하는 시대, 열 살 아이가 느끼는 '아, 옛날이여'가 결코 아이만의 것은 아닐 것 같다. 나도 '아, 옛날이여'다. 우선 코로나부터 없어져서 이전으로 돌아간 우리의 평상, 일상, 사소하고 평범한 삶이 회복되었으면 싶다. 가만히 〈아 옛날이여〉를 불러본다.

—격월간 『그린에세이』 2020년 7·8월호

독도를 가슴에 안고

"와!" 갑자기 함성이 들렸다. 소리 나는 쪽으로 눈을 돌리니 사람들이 하나같이 배 앞쪽 창을 향하고 있다. 괜스레 마음이 급해져서 나도 바깥이 보이는 창가 쪽으로 갔다. "와! 독도다." 나도 모르게 소리가 튀어나왔다. 사진으로만 보았던 독도, 그 독도를 내 발로 밟는다 생각하니 벌써 가슴이 떨린다. 이윽고 배가 닿았다. 주어지는 시간은 20분이란다. 20분, 견우직녀도 아닌데 20분만 허락된다는 독도와의 만남, 시한부 삶의 사람인 양 마음이 급해졌다. 이 20분 동안 나는 어떻게 얼마나 독도를 안아볼 수 있을까.

해양경찰대원의 경례 속에 우리 한국해양재단팀도 준비해간 태극기와 손바닥 도장을 찍은 지도를 꺼내어 함께 발을 디뎠다. 갑자기 괭이갈매기들 수십 마리가 내 앞으로 날아든다. 아마 저희에게 먹이를 주려는 것으로 생각하나 보다. 그들을 피해 카메라의 셔터를 열심히 눌렀다. 채각채각 남은 시간을 알리는 시계 초침 소리가 더 크게 들려오는 것 같다. 다행히 날은 흐리지 않았다. 많은 사람이 일시에 내리니 선착장이 발 디딜 틈도 없이 인산인해를 이룬다. 그리고 깎아지른 듯한 바위 섬, 어떻게 저런 모습이 되었을까. 독도와 마주 선다. 그리고 심호흡을 해본다. 마음속으로 경건하게 인사를 한다. 그 오랜 시간을 지켜와 준 데 대한 감사와 우리가 힘이 없어 우리 것이면서도 자신있게 우리 것이라고도 못하는 부끄러움과 혼란을 겪게 해준 데 대한 미안함도 함께한다.

눈을 들어 바라본 장엄한 모습에 나도 몰래 감격의 눈물을 흘리고 만다. 시간만 된다면 좀 더 천천히 음미하며 바라볼 수도 있고 또 조건만 허락된다면 섬을 한 바퀴 돌아보는 것도 가능할 텐데 이것도 저것도 아니게 시간에 쫓기는 신세가 안타깝고 아쉽기만 하다. 다시 눈을 들어 정면으로 섬을 바라본다. 가파른 절벽 바위틈에 작은 노란색 꽃이 보인다. 이곳에서만 자란다는 섬기린초일까. 섬갯장대란 것도 보인다. 그들을 바위섬 독도가 씩씩하게도 품고 서 있다.

한 폭의 묵화 같은 독도 앞에서 그 신비스러움에 잠시 정신이 몽롱해진다. 터널처럼 구멍이 뚫린 아래로는 세상에선 더 이상 맑을 수 없을 맑은 물이 파랗다 못해 검은빛으로 교교하게 햇빛을 받고 있다. 돌 틈에서 자라는 여러 독도 식물들이 일제히 '반갑습니다' 인사를 하는 것 같다.

태극기를 들고 독도 수비대원들과 개인, 단체기념촬영을 했다. 내 나라 내 땅 내 나라 섬, 울릉도 동남쪽의 이 섬 하나가 우리의 자존심을 지키고 있는데 수많은 억측으로 역사를 왜곡하고 있는 일본을 생각하면 더욱 화가 난다.

비가 온 뒤끝이라 하늘은 아주 맑지는 않지만 바다와 하늘 사이에 요염하게 솟아있는 독도의 모습은 마치 나라의 한을 품고 정절을 지키며 역사 속 인물이 되어간 충절과 정절의 여인들 모습 같다.

조금 전 독도로 향하며 울릉도를 떠나던 순간 읊어져 나오던 「독도로 가는 길」이 입속을 떠나 창공으로 흩어진다.

그리 말도 없이 숨죽이며/ 얼마나 애타게 기다리기만 하던 가슴인가/ 너무 늦어 미안하다 미안하다/ 넘실대는 푸른 바다 두려워/ 그대 손짓 그대 소리 모른 체했구나//

동 서 두 섬에 여든아홉의 작은 섬/ 우산도 삼봉도 가지도 석도 독도/동양에서 가장 오래된 화산섬으로/ 백 미터도 안 되는 키라지만/ 육천만 년도 넘게 꿋꿋한 서 있음이네//

가장 먼저 해가 뜨는 곳/ 울릉도 동남쪽 87.4km/ 억지 쓰는 왜놈들 제아무리 날뛰어도/ 피는 물보다 진하다는 걸 모르는가/ 하늘이 알고 역사가 알고 세상이 아는데//

　시스타호에 몸을 싣고/ 그대에게 가는 길 그대 품으로 드는 길/ 설렘보다 두려움 반가움보다 미안함/그대 품에 안기고 그대 품에 안으며/ 독도는 우리 땅 큰 소리로 외쳐보네//

—최원현, 「독도로 가는 길」

　처음엔 가느냐 마느냐 참 망설였다. 꽉 짜인 일정에서 혹여 바람이 심하게 불어 예정대로 나갈 수 없게 된다면 큰일이라는 생각이 먼저 고개를 들었었다. 그러나 독도는 한 번쯤은 가봐야 할 숙제처럼 나를 이끌었다. 하늘이 도왔을까. 나는 처음 시도에 독도에 들었으니 이 얼마나 감사한 일인가. 그래선지 독도는 오랫동안 기다려온 지기처럼 나를 반겨주었다. 독도를 가슴에 안는다. 아니 독도의 가슴에 안긴다. 내 나라 내 땅임을 다시 확인한다. 수많은 사람들이 지켜내기 위해 애썼던 피와 땀과 노력이 결코 헛되지 않을 것이다. 나도 작은 힘이지만 보탤 것이다.

—한국해양재단 독도작품집 2019년 6월

4.
별을 보고 싶다

어린 날 마실에서 집으로 돌아오는 길, 무서움에 걸음을 빨리하면
내 머리 위 별도 꼭 나만큼 빨리 따라와 주곤 했다. 집에 도착하여
쳐다보면 별도 그 자리에서 나만큼 숨을 헐떡이며 멈춰 서 있었다.
문을 열고 나만 들어가는 게 못내 미안하곤 했다.

마음 그리기

　금요일 저녁나절에 딸네 집에 갔다. 일주일간의 꽉 짜인 시간표에서 아이들이 해방되는 시간이 금요일이라서다. 비로소 자유롭게 시간을 즐길 수 있다는 손녀들 요청에 따라 하룻밤 거기서 자기로 하고 아내와 함께 딸네로 간 것이다. 세 손녀가 달려들어 안기며 환호성을 질러댔다. "할아버지, 할머니, 자고 가는 거죠?"하며 저희들과 함께할 수 있는 시간부터 계산했다. 올해 중학생이 된 큰아이, 5학년이 된 둘째, 2학년이 된 막내까지 세 손녀에게 둘러싸여 자고 간다는 말을 하고야 풀러나니 그제야 아이들은 내 옷을 받아 걸었다.
　나는 갈 때마다 식탁 옆에 붙어있는 시간표를 보면서 머릿속까지 하얘지는 느낌이 들곤 했다. 쉴 틈 없이 짜인 시간표를 감당해야 하는 요즘 아이들이 그저 불쌍하고 안타까웠다. 그런데 내 생각은 기우였을 뿐 아이들은 너무나도 자연스럽게 오히려 지나치다 싶을 만큼 철저하게 그것들을 지키며 해냈다. 너무 꽉 짜인 시간표라 답답하긴 하겠지만 그래도 셋 다 즐기면서 장난스럽게 잘 해내고 있었다.

저녁을 먹고 나니 오늘은 계획표상으로 그림 그리는 날이란다. 할머니 할아버지 몫의 화판과 붓도 사 왔단다. 그림이라니, 난 그림과는 담을 쌓았다기보다 전혀 인연이 없다고 생각하는 사람이다. 그린다는 것은 심지어 간단한 약도도 못 그린다. 그린다는 것에는 알레르기 반응을 일으킬 만큼 그림과는 거리가 멀다. 그런데 그림이라니, 갑자기 이 난국을 벗어날 길이 막막해졌다.

아내는 그리는 걸 좋아하니 잘 그리겠지만 난 정말 손녀들 앞이지만 도망이라도 치고 싶었다. 허나 상황은 벌어진 것, 일은 터져버린 것이다. 그렇게 해서 생각지도 않은 그림 그리기를 하게 되었다.

딸과 사위 그리고 아내와 나, 세 손녀 그렇게 일곱 명의 화가?가 각기 화판을 마주하여 그림 그리기를 하게 된 것이다. 다들 금방 시작한다, 그런데 난 무엇을 어떻게 그린단 말인가. 문득 내가 사진으로 찍기를 즐겨 하는 일출과 일몰의 광경이 떠올랐다. 어쩌면 그것은 그릴 수도 있지 않을까 싶었다. 그린다기보다는 색감의 혼합으로 그 광경의 분위기 정도는 옮겨올 수 있겠다 싶은 생각이 들어 나도 붓을 들었다. 하지만 마음대로 생각대로 되어질 리 만무다. 하지만 피할 수 없으면 즐기라고 하지 않던가. 이 화판을 놀이감 삼아 놀아주자. 그렇게 해서 아크릴 물감이라는 걸 화판에 칠해나갔다.

역시가 역시였다. 생각대로 되지 않는 것은 말할 것도 없고 칠해진 색도 전혀 마음에 들지 않는다. 해서 허전해 보이는 곳에 몇 자 글씨를 넣어봤는데 그림 붓으로 쓴 글씨라는 게 또 영 마음에 들지 않는다. 하지만 손녀들은 그런 나를 보며 할아버지가 제일 빨리 그린다며 부러워한다. 그게 더 부끄럽다. 글을 쓰는 수강생들에게 영혼 없이 쓴다고 야단을 치곤 했는데 지금 나야말로 영혼 없는 색칠을 하고 있는 거 아닌가. 어떻든 제일 먼저 끝내서 피아노 위에 올려놨더니 난 전혀 그래 보이지 않는데 딸아이는 분위기가 있다며 잘했다고 한다. 그럼에도 아무리 봐도 아니다. 나는 다시 흰색을 섞어 글씨들을 없애고 일출로 그렸던 것을 일몰로 바꿔 덧칠을 했다. 그걸 본 딸아이는 아까 것이 좋았는데 그렇게 했다고 아쉬워한다. 사진을 찍어놓지 못했다고 그도 아쉬워한다. 하지만 이게 내 한계다. 나는 붓을 씻었다.

칠십 평생을 살아오면서 그러고 보니 그림 그리기처럼 전혀 시도해 보지 않은 것들도 많았던 것 같다. 내가 제일 두려워하는 게 있다면 정규모임 후의 유흥시간 같은 것이었다. 난 몸치다. 스텝을 못 밟는 것은 고사하고 몸도 그렇다. 그러니 분위기도 못 맞춘다. 그렇다고 노래라도 잘하느냐 하면 그 또한 마찬가지다. 직장생활을 할 때도 그게 제일 힘들었다. 술을 먹는 사람들은 술기운으로라도 논다는데 난 술도 하지 않으니 어떻게 해볼 도리가 없었다.

그림은 초등학교 때 크레용 한 통도 다 쓰지 못했다. 아니 닳는 게 무서워 쓸 수 없었다. 또 사달랄 수 없는 형편이니 그게 겁이 나 쓰지 못했다고 할 수 있지만 실은 다른 애들처럼 그릴 자신도 용기도 없었던 것 같다. 그런 내가 지금 와서 그림이라고 그린다면 그게 어디 가능한 일이겠는가. 딸이나 사위도 그림을 잘 그려서가 아니라 아이들과 함께 하는 다양한 시간을 만들고자 함이란다. 저희들이나 나나 거기서 거기지만 놀라운 것은 제각각 생각한 것들을 비교적 잘 그려내는 것이었다. 시간이 가자 제법 작품다워졌다. 나만 이것도 저것도 아닌 상태다. 그렇게 끝난 작업의 결과물들을 사진으로 찍어 내 페이스북에 올렸더니 신기한 반응이 올라왔다. 내 그림이 모네의 해지는 그림과 같은 기분과 분위기가 난다는 것이다. 그렇다면 그림은 실패했어도 내 의도는 전달된 것이 아닌가. 이렇게 나는 부끄러운 결과를 만들어냈음에도 더러는 그게 다른 사람에게 선한 영향력으로 좋은 공감이 되고 감동도 될 수 있었을 것이라는 사실에 새삼 내 삶을 다시 돌아보게 된다. 내가 실패했다고 생각하는 것이 다른 사람에겐 그렇게 보이지 않을 수도 있다는 사실에 놀란 것이다.

내 생각대로 내 손이 따라주지 않아 제대로 그려지지 않은 그림들, 분명 내 삶에도 그런 게 얼마나 많이 있었을 것인가. 더러는 미완성으로, 어떨 땐 실패작으로, 때로는 내가 특별히 노력을 많이 기울였음에도 남이 보기엔 너무 형편없는 모습이 되었을 수도 있었겠다. 삶은 그렇게 일방적이거나 단편적이 아닌 것이었다.

아이들의 그림을 찬찬히 들여다본다. 생각들이 뚜렷하다. 의도한 바가 분명하게 보인다. 물론 내가 봐도 완성도가 높아 보이진 않는다. 그러나 그들이 의도하고 시도한 게 뭐였는가를 분명히 알 수 있다는 것만으로도 그들은 성공한 것이 아닐까.

삶은 하나같이 이런 그림 그리기일 것 같다. 그렇다면 우리는 하루에도 수십수백 가지 그림을 그렸을 수 있다. 하지만 틀린 것 같다며 그걸 수정한다고 나처럼 덧칠을 할 수는 없었을 것이다. 그럴 기회도 시간도 없었을 테니 그대로 몫이 지어져 넘어가 버린 것도 많았을 것이다.

여하튼 아이들 덕택에 생각잖은 그림도 그려보고 많은 생각도 하게 되었다. 일정표대로 다 살 수는 없겠지만 그래도 이런 소소한 일상을 만들어가는 아이들이 대견하고 대단하다 생각되고 부럽고 고맙기까지 하다. 다음번 그림 그리는 시간이 기다려진다. 그땐 이번에 그린 그림판도 가져가서 그 위에 한 번 더 색감을 입혀 진짜 뭔가 만들어보고 싶다.

내 인생의 처음이고 마지막일 수도 있는 그림, 어쩌면 생각지도 않게 좋은 느낌을 주는 뭔가가 탄생하는 건 아닐지 모르겠다. 그렇고 보면 그림을 그리는 것이 아니라 내 생각, 내 마음을 그리는 것이 아닌가. 내 삶의 순간순간을.

―『계간문예』 2021년 여름호

별을 보고 싶다

 충주 외곽 주동 마을에 사시는 김 선생의 집은 별 숲에 있단다. 그 별을 보러 오라고 몇 번이나 청해 주셨지만 낮에는 가봤어도 정작 밤엔 가지 못했다. 주먹보다 큰 별들이 바로 머리 위 눈앞까지 내려오는데 손으로 잡으려 하면 살짝 물러난다는 별 이야기를 들으며 얼마나 가슴이 뛰었는지 모른다.

 이상하게도 별 이야기를 하다 보면 이 나이에도 심장의 고동이 빨라진다. 무언가 좋은 일이 막 일어날 것만 같다. 하지만 어떨 때는 두렵기도 했다. 어린 날 마당에 앉아 할머니랑 하늘의 별을 세고 있는데 "아이고 저 노인네 가나 보네." 하시는 게 아닌가. "할머니 뭐가 가요?" 내가 묻자 "별이 지잖냐? 누군가 가나 본데 갈 사람이 누구겠냐. 그 노인네지." 그런데 그렇게 별이 지던 다음날이면 신기하게도 건넛마을 친구네 할머니가 돌아가셨다는 것이다. 사람마다 태어나는 순간 별도 태어난다던 할머니 말씀에 내 별은 어느 것이냐고 귀찮게 물었던 생각도 난다. 한데 근래 들어서는 언제 별을 보았는지도 잘 생각나지 않는다. 별은 밤에나 볼 수 있다. 물론 낮에도 있겠지만 밝은 낮엔 보이질 않는다. 밤에도 하늘이 맑고 달이 밝지 않은 때에라야 잘 볼 수 있다. 하니 하늘을 쳐다보지도 않고 살기도 한다지만 밤이 낮 같은 요즘에야 어찌 별을 볼 수나 있으랴.

하지만 요즘엔 그런 별을 볼 수가 없다. 어린 날 마실에서 집으로 돌아오는 길, 무서움에 걸음을 빨리하면 내 머리 위 별도 꼭 나만큼 빨리 따라와 주곤 했다. 집에 도착하여 쳐다보면 별도 그 자리에서 나만큼 숨을 헐떡이며 멈춰 서 있었다. 문을 열고 나만 들어가는 게 못내 미안하곤 했다. 대기에 온갖 나쁜 것들이 많이 차 있어서 보이지 않기도 하겠지만 낮보다도 더 밝은 밤이기 때문이다. 그러다 보니 별의 존재도 잊고 산다. 현란한 광고물의 불빛들, 도로의 가로등, 자동차의 라이트 등 모든 빛이 별빛을 가릴 뿐 아니라 우리 눈의 동공을 작게 만들어버려 별을 볼 수 없게 만든다. 해서 뜻있는 사람들은 별을 보기 위해 관측소를 만들어 개방하고 축제도 연다. 그래서 일부러 추억의 별을 보러 가야만 한다.

미국 라스베이거스에서는 매년 1월 CES라는 전자제품 박람회가 열리는데 이때 별을 보는 것에 참석의 묘미가 있다 한다. 2시간가량 북서쪽으로 달리면 데스밸리라는 사람의 흔적이 거의 없는 국립공원이 있는데 그 공원에서 달과 구름의 방해조차 없는 밤에 쏟아질 듯 별들로 가득 찬 밤하늘을 본다는 것이다.

 나도 그런 별밤을 기다렸다. 지난해 8월이면 몽골로 우리 수필가협회 해외세미나를 가기로 했었기 때문이다. 가장 기대가 되는 것이 바로 별로 가득한 몽골의 밤하늘이었다. 해서 달이 없는 초순으로 날도 잡았다. 별을 만나는 방법이 꼭 그래야만 하는 것이겠는가마는 이미 우리가 망쳐놓은 별의 세계를 바라보는 일이 쉽지 않다는 것을 알고 있으니 이리 방법이라도 찾을 수밖에 없다. 그런데 코비드 19로 할 수 없이 다음으로 미루고 말았다. 올해는 갈 수 있을까. 그러나 그 또한 알 수 없게 되었다.

 우리가 무언가를 만나려면 시간과 공간과 운이 맞아떨어져야 한다. 그 셋 다 자연스럽게 만나져야 한다. 한데 가만 생각하니 어른이 되어서 살면서는 정작 별을 보고자 하늘을 쳐다본 적이 몇 번이나 되었는지 모르겠다. 하늘의 달도 별도 바라보기를 안 한 지 너무 오래인 것 같다. 그만큼 우리는 머리 위보다는 눈 아래 것들에만 더 관심을 갖고 살아왔다는 얘기다. 하늘을 쳐다볼 수 있는 여유조차 갖지 못한 우리네의 삶이었던 것이다. 하늘의 별 달 구름 그리고 파란 하늘을 바라보며 꿈을 꾸고 이뤄가던 삶에서 언제부턴가 우린 머리 위의 공간이나 시간의 상당 부분을 포기하며 살고 있다는 말이 된다. 딛고 있는 땅에만 더 신경을 쓰고 눈높이에서 보이는 것에만 몰두하는 것 같다. 그러니 저 멀리 보이는 산에도 신경을 쓰지 않으며 아스라이 들리는 소리 같은 것에는 더더욱 관심이 없다. 그저 가까이서 들리는 것, 가까이서 보이는 것에만 급급하여 아등바등할 뿐이다.

나이가 드니 이제는 귀도 눈도 어두워진다. 보는 것도 듣는 것도 예전 같지 않다. 그런 것이 어쩌면 맑고 깨끗한 것을 듣고 보지 않으려 하고 탁하고 깨끗하지 못한 것을 더 가까이한 때문이 아닐까 싶기도 하다. 하늘이 맑아야 별도 보이는 것처럼 우리의 눈과 마음도 맑아야 볼 것을 본다는 얘기가 아닌가.

가끔 집에 오는 손녀들을 보면 그들의 웃음이며 눈빛이 얼마나 맑고 깨끗하던가. 그래서 귀엽고 사랑스럽다. 그런 아름다움 사랑스러움을 알면서도 나는 그런 세계에서 멀어져 버린 것 같으니 그 또한 가슴이 아프다. 그래도 아이들이 달려와 가슴에 안기며 "할아버지 사랑해요. 할아버지 보고 싶었어요." 하면 세상에 부러울 게 없어진다. 시골에서 만난 어느 밤 무심코 올려다본 하늘에서 은하수가 흐르고 큰 별 작은 별들이 깜박이는 걸 보았을 때의 황홀했던 기쁨처럼 어쩌면 아이들이 내겐 그런 별인 것 같기도 하다. 하지만 더 늦기 전에 김 선생이 자랑하는 그 별을 보러 가야겠는데 내년에는 갈 수 있을지 모르겠다. 그리고 데스밸리는 못 가지만 몽골 밤하늘의 별도 꼭 보고 싶다. 올해 안 되면 내년이라도 그 꿈을 이룰 수 있기를 가슴 가득 소망해 본다. 사진으로 보았던 그 밤하늘의 별들이 자꾸만 나를 부르고 있는 것만 같다.

—계간 『수필오디세이』 2021년 여름호

만년필

 사위가 펜이라며 하날 준다. 무슨 펜이냐고 했더니 한 번 써 보란다. 겉이 투명한 플라스틱의 만년필이었다. 연필보다도 더 가벼운 것 같다. 딱 내가 좋아할 만큼의 굵기에다 어찌나 술술 잘 나오는지 너무나도 편하게 글씨가 써진다. 거기다 특유의 사각거리는 소리가 연필로 쓸 때처럼 기분을 좋게 한다. 가격을 물으니 모닝글로리에서 샀는데 4천 원에 심 두 개 해서 총 6천 원이란다. 보통의 볼펜값이다. 볼펜은 조금 쓰다 보면 잉크가 뭉쳐진 볼펜 똥 때문에 애를 먹는데 이건 그런 것도 없이 술술 글자를 만들어가며 사각거리는 소리가 얼마나 기분을 좋게 하는지 모르겠다.

 평창으로 강의를 갈 때면 청량리역에서 KTX를 탄다. 차 출발 시간이 10시 20분인데 3~40분의 여유시간이 있다. 20분쯤 남기고 10시에 다이소의 문이 열린다. 문 앞에서 사람들이 기다렸다가 일제히 들어가는 것을 보면서 나도 덩달아 따라 들어가 그 20여 분을 그들과 함께 한바탕 빠른 눈으로 스캔을 하고 혹시 필요한 게 없나 살핀다. 대개 문구 코너를 들르는데 거기서 만년필을 발견했다. 한데 1천 원, 2천 원, 3천 원이다. 만년필이 천 원이라니 정말 믿어지지 않는 가격이다. 시간이 없어 일단 천 원짜리 하나와 2천 원짜리 하나를 샀다. 그리고는 기차 안에서 꺼내어 글씨를 써봤다. 천 원짜리는 천 원짜리 대로 이천 원짜리는 그보다는 조금 고급스러워 보이는데 그건 그것대로 글씨가 잘 써진다. 볼펜값보다도 비싸지 않은 만년필, 난 그다음 강의하러 갈 때 천 원짜리 10개, 2천 원짜리 10개씩을 싸서 나랑 공부하는 사람들에게 선물을 했다. 다들 신기해했다. 나는 그걸로 꼭 글 한 편씩을 쓰라고 했다.

나는 만년필에 대한 로망이 있었다. 무슨 무슨 만년필을 선물 받았다며 자랑하는 문우가 부러웠다. 그런데 이상하게 나도 많은 선물을 받지만 만년필 선물은 없었다. 내겐 그런 게 많을 거라 생각을 해 버린 것이었을까. 물론 내게도 이런저런 여러 개의 만년필이 있다. 한때는 파카 만년필을 애용했었다. 사실 좋은 건 아니라도 여러 종류의 만년필이 몇 개 있다. 그중 돌아가신 공덕룡 교수님이 주신 은색 파카 만년필을 보면 호탕한 웃음의 선생님 모습이 떠오르곤 한다. 어느 해였던가. 선생님과 인터뷰 할 일이 생겼다. 잘 마치고 인사하고 나오는데 갑자기 부르셨다. 잠깐 기다리라는 것이었다. 그러더니 안으로 들어가 무얼 갖고 나오셨다. 보니 은색 만년필이었다. 글자가 새겨져 있었다. 국무총리 김종필, 선생님이 말씀하셨다. "이건 최 선생이 갖고 가서 좋은 글 많이 써요"

나는 지금까지도 그 만년필을 잘 간직하고 있다. 펜촉의 굵기나 무게감이 내 취향은 아니라서 자주 사용하지는 않지만 가끔씩 꺼내서 원고지에 글을 써 본다. '서리' 딱지를 떼지 못한 채 상당 기간 마음고생을 하던 김종필 총리가 드디어 서리 딱지를 떼고 정식 국무총리가 되던 날 기념으로 만년필 몇 개를 지인들에게 선물했는데 당시 단국대 부총장으로 영문학자이며 수필가였던 공덕룡 교수님께도 이 만년필이 배정되었던가 보다. 그 귀한 만년필을 당신이 안 쓰시고 내게 주셨던 선생님을 생각하면서 지금도 그 만년필은 내가 사랑하는 것 중 하나가 되어 있다.

요즘이야 필기구보단 컴퓨터를 사용하여 글쓰기를 하는 경향이 더 많다. 하지만 난 초고만은 꼭 종이에 펜으로 쓴다. 아니 연필로 쓴다. 종이 위에 써지는 그 사각거림이 내가 글을 쓰고 있다는 것을 인식시켜주기 때문에 그걸 못 버린다. 뿐아니라 연필로 쓰면 힘이 들지 않는다. 하얀 종이를 채워가는 까만 글씨들, 그게 내 초고가 된다. 한데 오늘 사위가 건네준 이 만년필은 연필로 쓰는 것보다도 더 잘 나가고 쓰기에도 편하다. 글씨 크기도 내가 딱 좋아하는 굵기다. 손에 힘을 주지 않아도 술술 써 갈 수 있는 만년필 덕택에 이렇게 즐거운 마음으로 글을 쓴다. 카트리지 하나로 얼마나 많이 쓸 수 있을지는 모르겠다. 하지만 예비용 카트리지가 두 개나 더 있으니 상당히 오랫동안 이 만년필로 글을 쓸 수 있을 것 같다. 아마 사위가 내 그런 취향을 알기에 사다 준 것 같다. 만년필, 내게는 언제나 정겨움이 느껴지는 펜이다. 원고지는 아니라도 종이 위에 써 내려가는 글씨 소리에 마음도 맑아진다. 대숲에 이는 바람 소리 같은 사각거림, 따닥따닥 두들기며 글을 만드는 컴퓨터 글쓰기가 아니라 정겨움 가득 써가는 만년필 글씨엔 생각과 마음이 담기기 마련이다. 아무래도 당분간은 이 펜에 마음을 뺏길 것 같다. 그 손쉬움과 편리함에 글씨 소리가 하나 되는 오후 네 시, 방안 깊숙이까지 들어온 4월 첫날 오후의 햇살이 손에 잡은 내 만년필 끝에 살포시 내려앉는다.

—계간 『에세이21』 2021년 여름호

우리를 슬프게 하는 것들

　사람을 만나는 것도 겁나고 두려운 세상이다. 그러니 아무리 가까운 사이라도 보고 싶다고 냉큼 달려가 만날 수도 없다. 견우직녀도 아닌데 이게 무슨 조화란 말인가. 누구의 노래처럼 '테스 형 왜 이래!'라도 외치고 싶은 심정이다. 자식도 친구도 함부로 만날 수 없는 세상을 생각이나 해 봤는가. 그런데 지금 우리가 그런 세상을 살고 있다. 하지만 이런 답답하고 서글픈 일들은 한둘이 아니다.

　전화를 받았다. 며칠 전에도 받았고 어제도 받았는데 오늘 또 전화가 왔다. 마치 녹음이라도 해 두었던 듯싶게 토씨 하나 틀리지 않는 내용이다. 이런 전화가 어떨 땐 하루 멀다 오기도 한다. 그러나 그렇다고 말해줄 수도 없다. 해줘야 그때뿐 아니 듣는 그 순간 이미 잊고 있을 터였다.

문학단체의 일을 맡다 보니 많은 사람을 알게 된다. 그런데 3, 40년 이상 문단 생활을 하신 분들이다 보니 세월의 무게를 못 이기는 분들이 많다. 사실 내 나이도 칠십이 넘었다는 게 실감이 나지 않을 뿐 아니라 내가 언제 이리 나이를 먹었나 믿어지지 않기도 한다. 내가 그러다 보니 웬만하면 내가 아는 분들도 팔순八旬이 넘으신 분들이고 미수米壽가 넘으신 분, 구순九旬을 넘기신 분도 있다. 어떻게 내 번호를 찾아 누르게 되었는지 모르겠지만 한번 통화를 하게 되면 그 번호가 자주 눌러지나 보다. 아니면 외로움에 그리 전화를 하시는지도 모를 일이다. 받으면 전에 하셨던 그 말씀을 진짜 녹음이라도 해 둔 것처럼 하나 틀리지 않게 말씀하신다. 그분들의 세월 무게가 더욱 무겁게 느껴져 안타깝기 그지없다. 이제 치매는 우리 주위에서 쉽게 만나는 질병인 것 같다.

　오늘 메일로 들어온 칼럼의 제목은 「같은 아내와 두 번째 결혼」이었다. 아마 이혼했다가 다시 결합하나보다쯤으로 생각하면서도 글을 읽어보니 68세의 마이클 조이스 이야기였다. 그는 네 살 아래인 아내 린다와 34년이나 같이 살아왔는데 그만 알츠하이머에 걸려 모든 기억을 다 잃어버렸단다. 한데 신기하게도 단 하나 남은 기억은 자신이 린다를 사랑한다는 것이었다. 그는 자신과 결혼하여 34년이나 살았다는 사실조차 잊었지만, 린다를 사랑하기 때문에 결혼해야 한다고 했다. 남편에게서, 34년이나 같이 산 남편에게서 "나와 결혼해 주세요." 하는 청혼을 받은 린다의 마음이 어떠했을까. 린다는 남편의 사랑을 다시 확인하는 의미 있는 일이라고 생각하며 이를 승낙했고 친지들 앞에서 다시 결혼식을 올리는데 식장은 눈물바다가 되었다고 한다. 결코 슬픔의 눈물만은 아녔을 것이다. 모든 기억을 잃었음에도 그녀를 사랑하는 기억만은 잃지 않았던 마이클 조이스의 사랑에 대한 감격이 더 컸을 것이다. 기억을 잃는 것만큼 슬픈 일도 없을 것 같다. 기억은 살아온 삶의 전부요 역사이기 때문이다.

  나는 40년 가까이 수필을 써왔다. 수필은 있었던 이야기들이다. 기억의 소환이다. 한데 기억이라는 것도 정확할 수는 없다. 다른 기억과 혼동이 될 수도 있다. 오래되다 보면 희미해진 것에 상상력으로 살이 붙기도 한다. 내게는 이해되지 않는 게 하나 있다. 직장을 따라 78년도에 서울에서 수원으로 이사를 했는데 지금의 안산시 사사동그땐 반월면 사사리에 잠시 산 적이 있다. 그런데 내 기억 속에 그곳은 전혀 없다. 아내가 아무리 설명을 해 줘도, 직접 그곳을 가봐도 전혀 기억이 나지 않는다. 소위 필름이 끊긴 것이다. 요즘도 그 근방을 지나칠 때면 기억을 더듬어 보지만 역시 아무것도 생각나지 않는다. 그렇고 보면 기억이란 참으로 믿을 수 없는 것인지도 모른다. 그러다가 문득 두려워지는 게 있다. 어느 순간 내가 누군지 내 앞의 그가 누군지 몰라볼 때가 온다면 어떡하나 하는 것이다. 가끔 사람을 앞에 두고도 그 사람 이름이 생각나지 않아 당황할 때가 한두 번이 아니다. 그게 치매 증상은 아니겠지만 많은 이들이 나와 같은 증상을 호소하는 것을 보면 그냥 넘어갈 일도 아닌 것 같다. 내 부모님이야 젊은 나이에 다 가셨으니 모르지만 87세로 돌아가신 외할머니가 치매셨고 막내 이모님이 돌아가실 무렵 치매셨다. 병원으로 찾아뵈었더니 "누구시오?" 하던 모습을 생각하면 지금도 가슴이 미어진다. 사람이 사람을 못 알아보고 기억을 못 한다는 것만큼 더 슬픈 일은 없을 것 같다. 한데 요즘에 더 겁나는 것은 내가 하고있는 일이 옳지 못한데도 그걸 모를 때가 있다는 것이다. 잘못인지도 모르고 오히려 고집스레 강행해버리는 것도 문제다. 뿐 아니라 그 정도는 넘어가도 된다고 생각하거나 요즘 세상에 그 정도는 다 하는 것이라며 합리화시키고 더러는 아예 그런 생각조차 않을 만큼 양심도 감각도 무뎌져 느끼지도 못한다는 것이다. 하기야 뉴스에 오르내리는 정치인만이 아니라 종교인이나 교육자조차도 누가 봐도 알만한 일을 아니라고 하니 정말 세상이 왜 이러냐고 해야 할 판이다. 부끄러운 이야기지만 요즘은 아이들이 나쁜 짓을 하는 것을 봐도 야단을 치거나 말릴 수가 없다. 마음뿐 내 눈이 그걸 못 본 체하거나 내 발이 어느

새 그 자리를 벗어나고 있다. 뉴스가 보도하던 것처럼 세상이 그러니 혹여 저 아이들한테 봉변이라도 당하면 어쩌나 하는 생각이 먼저 들면서 두려움이 양심의 가책이란 부끄러움을 넘어 다른 합리화를 모색하곤 한다. '세상이 왜 이래.'가 아니라 '내가 왜 이래.'인 것이다.

코로나로 사회적 동물인 사람의 관계가 제한을 받는 것도 답답하고 억울한데 수명이 길어졌다지만 건강이 받쳐주지 못한 슬픈 소식들이 끊이지 않는다. 거기 양심까지 먹통이 되니 이를 어쩐단 말인가. 연세가 많으신 문단 선배 어르신들을 떠올려 본다. 10년 전만도 해도 부러워 보일 만큼 건강하고 활기차던 그분들을 생각하면 가슴이 아리다. 소식이 궁금하여 전화를 걸려다가도 멈칫하는 것은 혹여 전화를 받으실 수 없는 상황이거나 위로도 못 드릴 상황일까 봐 겁이 나서다. 몸은 건강해도 정신이 약해지신 분, 정신은 맑아도 몸이 말을 안 듣는 분, 세월의 무게를 이기지 못하는 분들이 하나둘 늘어나고 타계하셨다는 소식도 들으면서 제발 이 코로나 시국이라도 빨리 벗어나 찾아뵙기라도 자유로웠으면 싶다.

산다는 것은 서로 오가며 밥도 같이 먹고 얘기도 나누는 것이 아니던가. 그런데 그런 게 모두 정지되어 있는 이 상황이 너무 슬프다. 못 본 지 열흘이 넘어버린 손녀들도 많이 보고 싶은데

우리를 슬프게 하는 것들 **183**

선뜻 가겠다는 전화도 할 수 없는 이 안타까움을 언제까지 누르고 살아야 하는가. 슬픈 현실이 그저 원망스럽기만 하다. 그래도 이 또한 지나가리란 말을 위안 삼아 기다려본다. 하지만 그것 또한 슬프다는 생각을 떨쳐버릴 수가 없다.

-월간 『건강과 생명』 2021년 9월호

사소함에 대하여
―사소한 것이란 없다

그러니까 거듭 말하네만 나는 결코 자네와 논쟁을 하려는 것은 아니라네. 단지 내가 생각하는 것과 자네가 생각하는 것의 다름에서 오는 차이겠지. 자네가 생각하는 것은 늘 거창한 것 아닌가. 하지만 내 말은 그 거창하다는 것이 나쁘다거나 중요치 않다는 것이 아니라 자네가 늘 아무렇게나 생각해 버리는 작은 것 사소한 것들도 큰 것 못지않은 소중함과 중요함을 갖고 있다는 말이네.

언젠가 내가 자네 집에 갔을 때였지. 자네 수상 축하로 보내져 온 수많은 화분으로 베란다가 아름다운 정원을 이루고 있었는데 그 바람에 전부터 있던 왜소한 난 분들은 버리겠노라 내놓고 있었네. 그것들은 화려함과는 거리가 먼 아주 수수한 동양란이었는데 새로 들어온 싱싱한 많은 것들 속에서 더욱 초라해 보였고 어찌 보면 사실 살아날 것 같지도 않아 보였네. 자네 그런

난 분을 넷이나 현관 밖으로 내놓았었네. 그걸 내가 달라고 했었고 자넨 안에 좋은 것들이 많이 있으니 필요한 만큼 골라 가라고 했네. 나는 난이 필요한 게 아니라 버려지는 난의 슬픔을 모른 체할 수 없었을 뿐이었네. 집으로 가져온 난들을 나는 정성껏 돌보았었네. 그러나 하나만 겨우 살릴 수 있었을 뿐 나머지 셋은 결국 죽고 말았네.

사람의 생각이 어찌 한가지로 다 같을 수 있겠는가마는 나와 자네가 크게 다른 것 중 하나는 바로 포기하고 버리는 결단에서 내가 못 하는 것을 자넨 아주 잘한다는 것일세. 아마 그것도 자네와 나의 성격 탓이라기보단 성장 과정에서 배어온 습성이 아닐까 싶네. 배고픔을 모르고 자란 자네와 배고픔을 겪고 살아온 내 삶의 사이엔 알게 모르게 생각의 큰 골이 있기 마련 아니겠나.

같은 시대를 살아왔다지만 나는 검은 고무신을 꿰매 신던 삶이었고, 자넨 운동화를 신던 삶이었으니 어찌 같은 시대라고 할 수 있겠는가. 그만큼 자네와 나는 같은 시간대를 살아왔으면서도 각기 다른 평형의 길을 걸어오지 않았나 싶네.

오늘 내가 자네에게 이런 마음을 전하는 데엔 이것도 나이 탓일지 모르겠네만 요즘 내 마음이 자꾸 텅 비어가는 느낌이 들고 알 수 없는 안타까움 같은 것이 나를 슬프게 하기 때문이라네.

자네, 사소한 것에 대해 생각해 본 적이 있나? 단어가 주는 그런 뜻이야 자네가 더 잘 알겠지만 '사소하다'는 것을 사전에선 "보잘것없이 작거나 적다."라고 풀이해 놓았더군. 한데 그 풀이가 내 성엔 안 차 다른 사전들을 몇 개 더 찾아보았네. 그랬더니 "하잘것없이 작거나 적다"동아 새국어사전, "매우 작거나 적다"민중 새국어사전, "매우 적음. 하찮음"초등 바른국어사전, "중요하지 않다"연세 초등국어사전, "보잘것없이 작거나 적다"엣센스 국어사전 등으로 나오더군.

비슷한 내용이긴 하지만 내가 바라던 만큼의 시원한 뜻풀이는 없었네. 그런데 문제는 그 풀이들이 말하는 '작다 적다 중요치 않다' 등에 '하잘것없이'나 '보잘것없이'가 붙었다는 거네.

그렇다면 '하잘것없다'는 것은 또 무언가. '시시하여 해 볼만한 것이 없다' 또는 '대수롭지 아니하다'란 풀이가 따르더군. 그럼 '사소한 것'은 작고, 적고, 하찮고, 보잘것없고, 중요치 않고, 시시하고 대수롭지 않은 것이란 말인가.

그렇고 보니 바로 자네가 아무 부담 없이 난 분을 버리는 것 같은 그 마음, 그 행위가 바로 사전들이 설명하는 '사소함'의 정의였네. 그러나 세상에 어찌 그런 게 있을 수 있단 말인가. 자네는 난분을 버렸고 나는 그걸 살려보려 가져왔지만 결과는 많이 다르지 않았던 것을 모르는 바는 아니나 그래도 세상에 존재하는 아주 작은 것 하나라도 나름의 존재 가치를 지닌 것이고 소중함을 갖춘 것이라 생각하네.

중환자실에서 인공호흡기의 도움으로 3주를 살던 친척 어른이 있었네. 폐와 심장이 완전히 망가져 더이상 어떻게 해볼 수 없는 상황인데 의식은 있는 거였네. 그 기간이 무려 3주, 자녀들이 "어머니 이제 그만 가시지요." 하며 눈물을 흘렸을 때 아주 미세한 눈물 가닥이 그분 눈에서도 흘러나왔네. 기계만 떼면 숨이 멎을 상황이련만 의식이 있다는 것, 차라리 식물인간이었으면 더 낫겠다는 가족들의 오열 속에 당신도 그만 놓아줘야 한다는 걸 알았는지 그 밤으로 가시고 말았네. 사람의 생명도 작은 호스 하나 빼버리면 이 세상 사람이 아닐 수 있다는 이 경계 앞에서 얼마나 하찮은 존재인가를 생각했었네. 내가 자네의 말라버린 난을 가져왔던 것도 그런 안타까움을 보았기 때문일 걸세.

1986년이었던가. 우주선 챌린저challenger호가 일곱 명의 우주비행사를 태우고 공중에서 폭파되었었지. 전 세계에 생중계되는 가운데 발사된 지 73초 만이었네. 그 장면을 자네도 보았을 걸세. 천문학적인 예산과 첨단 과학기술의 결정체라는 우주선이 너무나도 허망하게 폭발해 버리는 모습을 보면서 우린 대단한 결함이 있었나 의심했었지. 하지만 밝혀진 바에 의하면 O-ring이라고 불리는 아주 조그만 고무링 하나 때문이었다네. 엔진의 이음새에 끼워져 연료가 새지 않도록 막아주는 역할을 하는 고무링인데 저온으로 팽창하질 못해 그 이음새를 막아주지 못했고 그 때문에 가스가 새어 나오게 되었던 것이라네. 그 미세한 틈새로 새어 나온 미량의 가스로 인해 거대한 우주선이 폭발하고 만 것 아닌가.

70년도 넘게 살아오면서 늘 두려움을 느끼는 것도 사실 이렇게 눈에 보이지도 않을 만큼 작은 것들의 반란 곧 내 무관심이 빚어낼 수도 있었을 실수들이라네. 나는 무엇이건 사소하게 보는 게 두렵고 화가 난다네.

나는 아내와 가끔 다투는데 나중에 보면 너무나도 우스운 정말 하찮은 것들이곤 했네. 아내와 나는 태어나 자란 환경이 다른 때문인지 나는 아무것도 버리지 못하는 데 비해 아내는 아무렇지도 않게 잘 버리기도 했네. 물론 버리면 큰일 날 만큼 중요한 것이거나 아끼는 것은 아녔네. 하지만 난 그 중요하지도 아깝지도 않은 것에도 집착하여 지금 아니라 나중에 버려도 된다는 입장이고, 아내는 언젠가는 버려야 할 것이니 지금 버리자는 것이었네.

45년 넘게 같이 살아왔음에도 여전히 그 간격은 좁혀지질 않네. 그러나 그런 아내와 나 사이에 부딪힘이 있는 것도 어쩌면 아주 자연스러운 현상일지도 모르겠네. 그런데 요즘 들어선 무조건 아내의 뜻을 따라야겠다는 생각이 들곤 한다네. 그렇다면 자네의 생각도 틀리다고 할 수 없을 것 같아지네. 물론 틀린 게 아니라 다른 것이겠지만 말일세.

그러고 보면 소위 자네가 말하는 너무 사소한 것, 하찮은 것들에 목숨을 걸다시피 살아온 나였는지도 모르겠네. 옳다고 생각하여 고집부리던 내 모습이 한껏 초라하고 비참해지는 것 같네마는 그렇다고 지금껏 내가 살아온 삶이 잘못되었고 허망하다 생각하는 건 결코 아니네. 여전히 '사소한 것이란 없다.'는 게 나의 진실이니까 말일세. 다만 조금은 무시해도 됐을 만한 것들도 많았는데 그걸 붙들고 고심했던 내가 사실 부끄럽긴 하네. 그래서 삶의 가치도 나이 따라 변한다 하나 보네. 하지만 말일세. 나는 여전히 길 가에 핀 이름 모를 작은 풀꽃에서 더 정감을 느끼고 어린 날 할머니가 만들어 주시던 쑥 개떡의 맛을 더 그리워하고, 힘이 빠진 손으로 써 보내주신 원로 수필가의 엽서 한 장에 더 감동하는 것을 어쩌겠나.

자네가 큰일을 할 때도 나는 그저 내 가족의 안위에 급급해 있었지만 내 한계는 그게 가장 소중하다는 결론이었네. 다만 나는 작고 하잘것없어 보이는 것들의 가치도 제대로 알아달라는 것이라네. 세상의 어떤 큰일도 이 사소함을 무시하곤 이룰 수 없음을 알기에 처음부터 그 사소함의 비중을 놓치지 말자는 것일세. 눈에 보이지 않는, 너무 작아 쉽게 눈에 띄지 않는 것들의 생명도 생명인 것, 큰 것만큼은 아니라도 존재 가치만은 인정해 주자는 것이네. 그게 내 모습인 것만 같기 때문이라네. 그런데 세상엔 그런 나 같은 존재가 훨씬 더 많다는 것일세. 평범하게 말일세. 사소한 것은 없다는 내 말은 어쩌면 나를 변명하는 참 어쭙잖은 말일지도 모르겠네만 말일세. 그러나 내 생각과 같지 않은 자네도 나는 여전히 사랑하고 존경할 것이네.

—계간 『에세이포레』 2021년 겨울호

밤[栗]을 먹으며

 밤을 먹는다. 잘생긴 놈, 맛있어 보이는 놈으로 골라 이[齒]와 이[齒] 사이에 넣고 살짝 힘을 주면 '톡' 하고 보기 좋게 둘로 갈라진다. 그걸 숟가락으로 파먹는 맛도 괜찮고 그냥 그 반을 다시 입에 넣고 윗니와 아랫니로 지그시 누르면 반쪽 밤톨 안에 담겨있는 밤 살이 살며시 입안을 채우는데 그 맛도 괜찮다. 그렇게 이 방법 저 방법을 써가며 삶은 밤 몇 개를 먹노라면 겉은 멀쩡한데 갈라진 밤 속을 벌레가 먹었던 것도 있고 아예 그 반 속에 벌레가 곱게 자리하고 잠들어있는 것도 있다. 그렇다면 내가 이미 먹었던 밤에도 이런 벌레가 없었을 것이라는 보장은 없다. 그럴 것이 나는 그냥 갈라진 밤 반쪽을 위아래 이로 눌러 알맹이가 입속에서 빠져나오게 해서 그걸 다 먹었기 때문이다. 말하자면 그 안의 내용물을 확인하고 먹은 것은 아니라는 얘기다. 갑자기 먹은 것들에 대한 의심이 일어난다. 그러나 그렇더라도 일은 이미 일어났고 벌써 지나가 버린 것인데 지금 와서 무엇을 어떻게 하겠다는 건가. 또 설혹 벌레를 먹었다 해도 그게 무슨 독성을 지닌 것도 아닐 게 아닌가. 굼벵이가 식용으로 밥상에 오르는 시대인데 사람이 즐겨 먹는 밤을 먹은 벌레이니 얼마나 깨끗할 것인가. 더구나 맛있는 밤 속살을 먹고 산 것 아닌가.

문득 복숭아는 밤에 어두운 데서 먹어야 한다던 어르신들 말씀이 생각난다. 복숭아 속엔 벌레가 있는 것이 많기 때문이란다. 일일이 그걸 찾아내어 버리거나 깎아내고 먹으려면 먹을 게 없다는 아니 그보다도 복숭아 살을 먹고 자란 벌레이니 먹어도 탈은 없을 것이며 오히려 그걸 먹으면 약이 될 수도 있다는 말씀될 것이다. 그러니 밤이라고 그렇게 먹지 말란 법이 있는가. 눈에 보이면 파내거나 심하면 버리겠지만 눈에 띄지도 않아서 그걸 먹었다면 굳이 거북해하거나 크게 기분 나빠할 것도 없지 않은가. 사실 살면서 그렇게 모르고 먹은 것은 얼마겠으며 그걸 뒤늦게 알았다고 어쩌겠는가.

요즘은 눈도 어둡고 귀도 어두워진다. 해서 텔레비전도 크게 틀어야 하고 안경도 써야 화면도 잘 볼 수 있다. 그 또한 자연의 섭리가 아니고 무엇이겠는가. 나이가 든다는 것은 보이는 것만 보고 들리는 것만 들으라는 다시 말하면 들리지 않는 것까지 들으려 하거나 잘 보이지 않는 것까지 굳이 보려 하지 말라는 하늘의 뜻이란다.

 밤을 먹다가 이 귀한 진리를 깨닫는다. 그래, 보이면 걸러내고 빼어내지만 보이지 않고 넘어간 것은 그걸로 되는 것이다. 이미 식도를 타고 저 위胃 안에까지 들어간 것을 두고 못 먹을 걸 먹었다느니 잘못 먹었다느니 할 게 아니지 않는가. 그래 맞다. 내가 택한 가장 손쉬운 방법으로 밤을 맛있게 먹으면 될 일이다. 아내는 밤껍질을 다 벗겨 속살만 그릇에 담아 숟가락으로 떠먹으니 그럴 일도 없겠지만 그건 내가 밤을 먹는 방법은 아니다. 내가 밤 먹는 방법이 좀 원시적이어서 남이 보기엔 어떨지 모르겠지만 윗니와 아랫니로 지그시 눌러서 입안으로 쏟아지는 밤의 속살들을 먹는 것, 이게 제일 맛있게 먹는 내 식의 밤 먹기이다. 벌레를 좀 먹었다기로 어쩔 것인가. 식물성 단백질에 동물성 단백질을 함께 섭취한 수지맞은 일 아니랴. 그러니 그런 생각일랑 말고 그냥 맛있게만 밤을 먹을 일이다.

 요즘 세상은 보고 싶지 않은 것, 듣고 싶지 않은 소리가 너무 많다. 사람으로는 할 수 없는 짓을 아무렇지도 않게 하는가 하면 어느새 우리도 그런 것에조차 놀라지도 않게 되었다. 세상도 사람도 변한 것이다. 천륜을 어기는 상상 못 할 일들도 뉴스 때마다 들려오고 보이니 이 눈, 이 귀를 어떻게 닦고 씻어야 할지 모르겠다. 안 보면 덜 속상하고 안 들었으면 몰랐을 일들도 방송이며 신문이 이때다 싶게 떠들어대니 모르려야 모를 수가 없다. 밤 속에 들어있는 착한 벌레도 복숭아 속에 들어있는 이쁜 벌레도 먹었을 수 있다고 생각하니 찝찝하기 그지없는데 차마 입에 담기에도 무섭고 두렵고 더러운 짓거리들이니 더 속이 거북하고 구토를 느끼지 않을 수 없다. 누가 그랬던가. 입으로 나오는 것이 가장 더럽고 추악하다고. 그렇다면 입으로 먹는 것, 들어간 것은 더럽지는 않다는 얘기다.

  밤을 먹으며 생각한다. 험하고 독하고 맛없는 것이라도 입으로 먹어버리면 소화되어 배설된다. 그렇게 배설되는 것은 소화로 순화되니 더러운 것이 아니다. 들어가는 곳으로 들어가고 나오는 곳으로 나와야 하는데 들어가는 곳으로 나오는 것 배설구가 아닌 투입구로 나오는 것이 문제다.

  코로나 세상이 2년여나 계속되면서 세상도 사람들 마음도 어둡고 칙칙해졌다. 나도 해야 할 일은 많은데 좀처럼 손에 일이 잡히지 않고 머리도 맑아지지 않는다. 정상이 아니란 말이다. 들어갈 곳으로 들어가지 못하고 나올 곳으로도 나오는 게 아니라 순리를 거역하고 있다는 말이다. 잘못 들어갔으면 토해버리면 된다지만 그렇게 잘못 나온 것은 어찌할 수도 없다. 밤 속에 든 벌레는 먹어도 탈 날 일은 없겠지만 진짜 못 먹을 것을 먹은 저 사람들의 속은 어떨까.

 아내가 삶아놓은 밤을 본다. 그리고 가장 튼실해 보이는 밤을 골라 입에 넣는다. 톡, 밤이 둘로 갈라지는 소리, 나는 그중 반만 입에 남긴 채 윗니와 아랫니를 지그시 누른다. 입안에 밤 향 가득 밤 맛도 가득이다. 그 안에 뭐가 더 들어있건 최고의 밤 맛이다. 나는 그렇게 삶은 밤을 먹는다. 이럴 때만큼은 세상도 맛있는 밤 맛이 된다.

―계간 『문예바다』 2021년 가을호

버림의 미학(美學)

새해엔 버릴 것을 버리게 하소서. 용기 있게 버리는 자가 되게 하소서. 버릴 때 힘이 생김을 알게 하소서. 버릴 것을 버릴 줄 아는 지혜로움을 주소서.

다시 한 해가 시작되었다. 바람 가득 기대 가득 새해를 맞는다. 그런데 '다시'라는 이 말 앞에 나는 또 주눅이 든다. 채 마치지 못한, 해내지 못한 수많은 계획이 공수표가 되어버리게 했던 내 전과(前科) 때문이다. 그래서 이 해는 나의 기도도 좀 달라지고 싶다. 얻으려는 것보다 갖는 것보다 버려야 할 것들을 버리는 한 해가 되고 싶다. 버리는 것만이 아니다. 각진 내 모습들을 완만하게 만들어가는 해도 되고 싶다. 아직도 불쑥불쑥 일어나는 분기(憤氣)며 이해하지 못하고 무조건 이겨내려 하는 억지스러운 마음들까지 조금씩은 무뎌지고 느려지는 나의 모습이 되게 하고 싶다.

"샘, 때론 삶이라는 거센 물결에 휩쓸려 우리가 지니고 있던 각진 모서리를 잃게 되는데 그건 좋은 일일 수도 있다. 새로운 모습으로 거듭날 수 있다는 건 멋진 일이니까."

전신마비의 심리학자 대니얼 고들립이 자폐증의 외손자에게 보낸 편지 내용이다. 우리는 세모나 네모나게 태어나서 둥글게 죽는다. 삶이란 본래의 순수함이나 기본 도리는 남아있게 하면서 각진 것은 둥글게, 거친 것은 부드럽게 나를 마모시키고 정제시켜가는 것이라는 이치는 바로 내가 버릴 것을 버리고 지킬 것만 지키라는 말일 것이다.

그러나 그걸 몰라서가 아니라 잘 알고 있으면서도 새해 첫날이면 그것부터 다짐하고 약속했으면서도 한 해가 다 갈 때쯤이면 여전히 달라진 게 없는 나이곤 했다. 한데 이젠 상황이 많이 달라졌다. 그렇게 시간을 보내어도, 다시 기회가 올 것이라고 생각할 수가 없게 된 것이다. 그게 벌써 몇 번이었던가 말이다. 씨앗을 땅에 묻지 않고는 그래서 썩게 하지 않고는 그 어떤 새로운 태어남도 더 많은 얻음도 있을 수 없다는 간단한 진리만큼 버리지 않고는 안 되겠다는 생각이 더 급해져 버렸다.

조류 중 가장 장수한다는 솔개는 70년까지 산다고 한다. 그런데 이런 솔개도 40세가 되면 발톱은 노화하고 부리는 길게 자라서 구부러져 사냥감을 잡아챌 수가 없게 된단다. 두텁게 자라버린 깃털이 무거워 하늘로 날아오르기도 힘들어진다고 한다.

이때 솔개는 두 가지 중 하나를 선택하게 되는데 하나는 그대로 죽을 날을 기다리는 것이요, 또 하나는 고통스러운 갱생更生의 과정을 거쳐 새롭게 태어나겠다는 결단을 하는 것이란다. 만일 갱생하려 한다면 그는 산 정상으로 높이 날아올라 그곳에 둥지를 틀고 머무르며 6개월여의 고통스러운 수행을 한다는 것이다.

먼저 부리로 바위를 쪼아 자신의 부리가 깨지고 빠지게 만들어서 그 자리에 새 부리가 돋아나게 하고, 그 새 부리로 발톱을 하나하나 뽑아내 버려서 그 자리서 새 발톱이 나도록 한다. 그리고 새 발톱이 돋아나면 날개의 깃털도 다 뽑아내 버리는데 이렇게 반 년 정도가 지나면 그 자리에서 가벼운 새 깃털이 나오게 되어 완전히 새로운 솔개로 다시 태어나게 된다. 그렇게 되면 이로부터 다시 30년의 수명을 더 누린다는 것이다.

솔개도 버릴 것을 알고 버릴 때를 알거늘 그래서 그가 살 수 있는 길을 가거늘 사람은 어찌하여 그만큼도 못 할까.

사람은 유독 버린다는 것을 두려워한다. 그것을 포기抛棄로 알기 때문이다. 하지만 버릴 것을 버려야 자신이 살 수 있다는 것은 잊고 산다. 그래서 하염없이 욕심을 내고 원망하고 시기하고 분忿해한다. 버린다는 것은 내려놓는 것이다. 나를 가벼이 하는 것이다. 나를 자유롭게 하는 것이다. 삶의 다이어트다. 비만한 내 몸을 건강체로 만드는 방법이다. 그렇기에 하나를 내려놓으면 내가 얼마나 몸이 가벼워졌는지를 알게 된다. 금방 감사가 나온다. 그러나 감격이나 감사가 없는 우리다. 그러기에 기쁨도 없고 감동도 없다.

  하는 것, 하라는 것은 잘하는데 버리라면 못 하는 것이 우리의 문제다. 내가 나를 유지하기 위해 진정으로 필요한 것은 몇 가지뿐일 텐데도 우린 그저 욕심을 낸다. 1박 2일의 간단한 여행길에도 커다란 이민 가방을 들고 가는 것처럼 우린 필요 이상으로 준비하고 있어야 한다고 생각하고 집착하고 욕심을 낸다. 물론 버린다는 것이 손해가 될 수도 위기가 될 수도 있으리라. 그러나 버리는 것이 씨를 뿌리는 것 같은 것이라면 해내야지 않겠는가. 내 비만함 속엔 그저 미움 시기 질투 욕심이라는 버려야 할 것들로 가득이지 않은가.

  아직도 코로나가 언제 끝날지 모른다. 그렇기에 다시 새해를 맞으며 이 해엔 꼭 많은 것을 내려놓으리라 마음먹는다. 없으면 큰일 날 거도, 안 하면 무슨 일이 날 것도 아니면서 움켜쥐고 조급해하는 내 마음을 정리하는 한 해가 되게 하고 싶다. 그래서 내 옆도 뒤도 돌아볼 수 있는 여유도 갖게 하고 몸 가벼이 선뜻 일어나 내가 먼저 해 보일 수 있는 일도 많아지게 하겠다.

솔개의 결단과 지혜가 필요한 해다. 각진 모서리를 더 많이 갈아낼 해다. 가벼이 언제든 떠날 수 있는 여행의 마음 자세를 배우는 해다. 버린다는 것은 잃는 것이 아니라 나를 비로소 나답게 하는 것임을 아는 해가 되었음 한다. 새해엔 버릴 것을 버리게 하소서. 버릴 때 자유로워지고 힘도 생김을 알게 하소서.

─월간 『건강과 생명』 2021년 1월호

허상의 대금 소리

봄이면 생각나는 사람이 있다. 그를 허상이라고 불렀는데 내 어렸을 때 집일을 봐주던 허 서방이다. 어디서 왔는지도, 정확히 나이가 얼마나 되는지도 아는 게 없었다. 힘이 장사로 일도 잘 했는데 우리 집에서 3년여 사는 동안 특히 내겐 더할 나위 없는 좋은 친구였다.

허상은 재주가 많았다. 휘파람을 기가 막히게 잘 불었고, 풀잎, 나뭇잎 등 무엇이든 그에게 잡히면 소리가 되어 나왔다. 손재주가 또한 놀라워 일하는 틈틈이에도 무얼 하나씩 만들어내곤 했다. 그런 그가 봄이면 대나무 피리를 만들었다. 그게 대금이란 것은 한참 후에야 알게 되었지만 그가 어디서 대금 만드는 법을 배웠고, 어떻게 대금 연주를 그렇게 잘 할 수 있었을까는 지금도 풀리지 않는 수수께끼다.

단옷날, 허상은 나더러 어딜 좀 다녀오자고 했다. 그는 나를 홀쩍 들어 올려서는 그 우람한 몸과 힘을 과시라도 하는 양 자신의 목에 턱 걸쳐 앉혔다. 나는 그렇게 무등을 타고 어디론가 갔는데 도착해 보니 신설포 영산강 가였다. 그는 강둑을 따라 한참 걷다가 실한 갈대들을 보더니 매고 간 망태에서 낫을 꺼내 갈대를 베기 시작했다. 뭐 할 거냐고 하니깐 피리를 만들 거라고 했다. 그렇게 벤 갈대 다발을 집으로 가져온 그는 그날 내내 갈대를 자르고 깎고 했다. 나는 그걸로 피리를 만드는 줄 알았다.

그로부터 한참 지난 늦은 봄날 저녁이었다. 집 뒤껻에서 애잔한 가락이 들려왔다. 소리를 좇아 가보니 허상이 달빛이 내리는 감나무 아래서 피리를 불고 있었다. 그런데 그건 갈대로 만든 피리가 아니라 대나무 피리였다. 무슨 곡인지는 알 수가 없으나 가락이 매우 구슬퍼서 어린 가슴에도 알지 못할 슬픔이 고이게 했다. 그가 피리를 완성한 것이었다. 나는 까맣게 잊고 있었는데 그동안 틈만 나면 그 피리 만들기에 시간을 보낸 것 같았다. 입에 피리를 대고 눈을 감고 뚫린 대나무의 구멍을 막았다 열었다 할 때마다 애잔한 가락은 바람을 타고 산을 한 바퀴 돌고는 다시 돌아오기도 했고, 더러는 툭 터진 앞마당으로 곧장 퍼져나가 멀리로 아주 사라져 버리기도 했다. 그는 내가 곁에 서 있는 것도 느끼지 못하는 듯 소리만을 만들어내고 있었다. 지켜보던 어린 나는 갑자기 가슴이 콩닥이기 시작했다. 피리를 통해 허상의 숨결이 다 빠져나가 버리면 어떡하나 하는 걱정과 두려움이 일기 시작했다. 숨이 다 빠져나가 버리면? 그러면 죽는 것이 아닌가? 그는 계속해서 자신의 숨결을 소리로 바꾸어 어디론가 누구에겐가로 보내고 있는 것 같았다. 가락이 산을 넘고 물을 건너 멀리로 사라져 가는 것이 보이는 듯했다. 피리 소리는 어둠 속에서 명주실보다도 더 가느다란 한 줄기 소리의 선이 되어 날아갔다.

얼마나 지났을까. 그가 피리 불기를 멈추더니 멀거니 앞을 바라보았다. 그리고 한참 후에야 나를 발견했다. "왔었냐?" 그가 내 손을 훅 잡아끌었다. 그의 너른 가슴에 안겨버린 나를 잊기라도 한 듯 그는 말없이 한참을 그렇게 있었다. 그때 아주 작은 별똥별 하나가 빠르게 산 너머로 떨어져 내렸다. 그도 그것을 본 것 같았다. 그가 나를 풀어주고 일어섰다. 어쩜 그는 저 별똥별로 소리를 보내고 있었는지 모른다. 그리고 그로부터 무언가 답을 듣고 일어나는 것인지도 모른다. 내가 피리를 갈대로 만드는 게 아니었느냐고 묻자 이 대나무 속에 갈대가 들어있다고 했다. 나는 대나무 속에 작고 가느다란 갈대피리가 들어간 것으로 생각했다. 허상의 피리 소리와 함께 그해 봄도 저물어 가고 있었다.

다음 해 봄, 허상은 또 나를 데리고 갈대를 베러 갔다. 나도 조금씩 호기심이 생겼다. 대나무에 저 갈대를 어찌 넣는 것일까? 어떻게 피리를 만들기에 그토록 맑은소리가 나는 걸까? 그는 말했다. "소리를 내게 하는 것은 갈대 속껍질인데 그 속껍질을 구하러 간다."는 것이었다. 그러면 갈대피리를 속에 넣는 게 아니었던가? 그런데 그 속살은 단옷날 벤 갈대의 것이어야만 한다고 했다. 허상은 그렇게 베어 온 갈대의 마디를 자르더니 연필 깎듯 갈대의 껍질을 깎았다. 그러자 하얀 비단 같은 게 나왔다. 그가 말하던 갈대 속껍질인데 내가 볼 땐 그건 껍질이 아니라 갈대의 속살이었다. 그는 그걸 입으로 후후 불면서 돌돌 말아내었다. 그런데 그게 잘 안 되는 것 같았다. 그 많은 갈대를 다 깎았는데 찢어진 게 더 많아 겨우 몇 개만을 건질 수 있었다. 옆에서 지켜보고 있는 나는 전혀 의식치도 않고 일에만 몰두했다. 그는 미리 준비한 하얀 헝겊에 갈대 속살을 싸더니 자신이 거처하는 사랑방 아궁이로 가서는 그릇에 그걸 넣고는 끓는 물 속에 그릇을 띄우고 솥뚜껑을 닫았다. 그는 내게 싱긋 웃어 보이고는 휘파람을 불기 시작했다. 그의 휘파람 소리는 꼭 흥겨운 것은 아니었다. 어린 가슴까지도 아리아리하게 하는 것, 그것은 분명 슬픔이었다. 나는 갑자기 심심해지기 시작했다. "허상, 나 갈래." 나는 그곳을 나와 버렸다. 그런데 한참 후에 그가 나를 불렀다.

그는 헝겊에 싼 것을 놋쇠 그릇에 담아서는 나더러 들고 가라고 했다. 그리고 자기는 끓는 물 솥 위에 물 긷는 동이 하나를 포개 얹은 후 함께 들고는 우물 있는 곳으로 갔다. 우리 집의 우물물은 깊기도 했지만 여름에도 손이 시릴 만큼 차가웠다. 허상은 두레박으로 우물물을 길어 동이에 채우더니 내게서 그릇을 받아 물 위에 띄웠다. 식히는 것이었다. 한참 있더니 그걸 다시 끓는 물 위에 떠 있는 그릇에 헝겊에 싼 채 다시 넣어 솥뚜껑을 덮었다가 한참 만에 다시 꺼내서 찬물에 식히고 또 뜨거운 김에 쪘다가 식히기를 반복했다. 그는 이렇게 해야 갈대 속살이 질겨져서 소리를 잘 내게 된다고 말했다.

그가 솥과 물동이를 챙겨 집으로 돌아간 후의 일은 보지 못했다. 그러나 얼마 후 뒤꼍 감나무 밑에서 들려오는 피리 소리를 들을 수 있었다. 끊어질 듯하면서도 이어지는 소리, 사람이 만들어낼 수 없는 소리, 이 세상의 소리가 아니라는 생각이 들게 하는 소리, 그가 불어 내는 소리는 저 하늘 끝으로 소리의 화살이 되어 날아갔다. 나는 혹시라도 나로 인해 그의 피리 소리가 끊길까 봐 어둠 속에서 숨을 죽이며 그를 바라보고 있었다. 그런데 그날따라 가락이 더 구슬펐다. 나도 공연히 슬퍼져서 눈물이 나왔다. 순간 허상이 어디론가 바람처럼 가버리는 것은 아닐까 하는 생각이 들었다. 하지만 그해 여름, 그해 가을이 지나도록 우리 집에 있었다. 일꾼 몇 사람 몫을 전혀 힘도 안 들이고 다 해내면서 말이다.

예감이란 아이들에게도 있나 보다. 가을걷이가 끝나고 겨울이 오는가 싶었는데 허상이 나를 불렀다. 그리고 헝겊에 싼 것을 내게 주었다. 보지 않아도 그것이 피리라는 것을 나는 금방 알 수 있었다. 1년에 하나씩 만들었던 피리, 그 두 개 중 하나일 터였다.

"나 이제 간다." "어디로?" "응, 그냥." 그는 피리를 든 내 손을 꼬옥 쥐더니 나를 훌쩍 들어 무등을 태워 몇 바퀴를 돌리고 내려놓더니 그의 방으로 들어갔다. 그날 밤 그는 어디론가 떠나고 말았다. 그가 그렇게 왔던 것처럼 갈 때도 그렇게 가버렸다. 나는 그가 준 대나무 피리를 만지작거리며 그를 생각했다. 그리고 어느 날 불쑥 '나 다시 왔다.' 할 것만 같아 가끔씩 그가 거처하던 방문께로 눈을 돌리곤 했다.

그는 봄의 사람이었다. 아마 대나무와 갈대가 있는 어딘가에서 그는 지금도 봄을 만들고 있을 거였다. 휘파람을 불며 단오를 기다리고 단옷날부터 다시 대금을 만들 거였다. 그가 대금을 완성하여 한 곡조 불어내야 비로소 봄이 무르익고 그래야 봄도 갈 수 있었다. 그는 지금 어디 있을까? 어디선가 그의 숨결이 가락이 되어 들려오는 것만 같다. 그가 불어 보냈던 소리들이 허공을 헤이다 그를 그리워하는 내게로 찾아온 것인지 모르겠다. 이 봄엔 그가 유난히 더 그립다. 나도 그만큼 오래도록 누구에겐가 그리움의 대상이 될 수 있을까. 그가 부는 대금 소리를 한 번만이라도 다시 들어보고 싶다. 내게 그는 가슴속의 사람으로 영원히 살아있을 것 같다. 내 삶의 안과 밖 모두에 그는 늘 살아있다. 어디선가 그의 대금 소리가 들려오는 것 같다. 봄이라고.

—계간 『딩아돌하』 2021년 봄호

거룩하고 아름다운 합주(合奏)로

 문득 투정 같은 불평을 하다 흠칫 놀라곤 한다. 왜 이렇게 머리가 빨리 자라지? 손톱이 왜 이리 빨리 자라지? 그러다가 내가 지금 뭐하고 있는 거지 하며 섬뜩해진다.
 아주 오래전 병원에 입원했을 때다. 내 옆 병상에 고등학교 남학생이 있었는데 잘못하여 엄지와 검지의 손톱이 빠져버렸단다. 그런데 손톱이 없는데 집는 것도 잡는 것도 손이 전혀 기능을 못 했다. 흐늘흐늘했다. 손톱이 없다고 손이 아무것도 할 수 없다는 것을 그때 처음 알았다. 불편은 말로 다 할 수 없었다. 손가락의 뼈가 힘을 주는 게 아니라 손톱이 손가락에 힘을 주는 거였다. 그 일을 접하면서 손톱을 깎아야 할 때마다 하던 불평이 싹 사라졌다. 혹시 그런 투정을 했다가 부정이라도 타서 내 손톱이 빠지기라도 할 것 같아서였다. 이발할 때가 금방 돌아와

귀찮지만 그도 그랬다. 머리카락이 없는 분들에겐 얼마나 죄송한 일인가. 자란다는 것, 변한다는 것은 살아있다는 증거다. 우리는 꽃과 나무가 자라고 피고 열매 맺는 것을 보면서 왜 그렇게 빨리 피고 자라느냐고 불평하지 않는다. 그들은 누가 보지 않아도 살아있기에 제 일들을 열심히 한 것이다.

코로나로 2020년을 모두 빼앗겨버렸다고 하는 우리다. 그러나 꼭 그렇지만도 않을 것이다. 우리가 모르는 더 많은 것들이 우리에게 와 주었을 것이고, 자라고 결실도 했을 것이다. 순리 따라 꽃이 피고 열매를 맺듯이 그사이에도 우리 손주들이 태어나 자라고 세상은 발전하고 있다. 일어나고 있는 자연한 현상 속에 지극히 작은 한 부분으로 나도 우리도 대자연에 그리고 한 해의 오케스트라에 합류하여 거룩하고 아름다운 합주(合奏)를 이뤄냈을 것이다.

다시 희망을 품고 2021년을 맞는다. 지난해보다 나은 한 해가 되길 바라며. 그러나 그렇지 못하더라도 서운해할 일은 아니다. 내가 약해진 만큼 내 아이들이 강해졌을 것이고 내가 못 채운 부분은 누군가가 더 큰 감격과 보람으로 기쁨으로 채웠을 것이다.

세상은 제로섬이라지 않던가. 새로운 한 해 앞에서 그래서 더욱 조심스럽게 겸손하고프다. 자칫 한눈팔다 내 발에 작은 생명이 상하지 않도록, 내가 필요 이상으로 내저은 팔에 무언가가 부딪히지 않도록 그렇게 올해는 더욱 조심조심 내 문학의 길도 가야겠다. 그렇게 거룩하고 아름다운 합주를 이루고 싶다. 아름다운 하모니가 올 한 해를 사랑과 평화와 감사를 불러오도록. 이국에서 모국어로 문학을 하시는 분들에겐 특히 더 좋은 많은 보람과 성취가 있길 기도한다.

-『재미수필』 퓨전수필 2021년 1월호

한계와 희망

공자는 삼십이립三十而立이라 하여 나이 서른이 되면 자신의 인생을 책임질 수 있도록 홀로 설 수 있어야 한다고 했다. 또 마흔이 되면 불혹不惑이라 하여 미혹됨이 없어야 한다고 했다.

그러나 요즘 삼십 세는 부모의 도움에서도 벗어나지 못하는 경우가 많고 학업조차 다 마치지 못한 경우도 있다. 20대에 결혼을 하고 자식을 낳아야 50대에 자녀 결혼도 생각할 텐데 40이 다 되어 결혼을 하면 60이 넘어도 자녀가 학생일 수밖에 없다. 물론 생존 나이가 길어졌으니 그 또한 자연현상이라 할지 모르나 시대는 50세만 넘겨도 일자리를 내주고 떠나라지 않는가. 이런 상황에서 마음이 급해지는 것은 비단 나이 든 부모만은 아닐 것 같다.

95세 노인의 글이 한때 사이버공간을 회자했었다. 65세면 아무엇도 시작할 나이가 아니라고 생각했는데 95세에 이르고 보니 그때 무엇이건 시작했더라면 상당히 많이 이룰 수 있었지 않겠느냐는 것이다.

 L 화랑에서 명인전이 열렸다. 명인이란 어떤 분야에서 기술과 재주가 뛰어나 이름이 난 사람을 일컫는 말로 자신의 분야에서 20년 이상의 경력을 갖고 현재도 그 분야에서 활동을 하는 명실공히 그 분야 최고의 지도자 내지 대표자이다. 명인전은 그런 분들의 작품을 일반에게 보여주는 전시회였다.

 참으로 놀라웠다. 사람의 재주가 어디까지일까 의아심이 일만큼 신기에 가까운 재주들이었다. 연세가 많으신 분도 있었지만 내 나이보다 적은 사람도 있었다. 그들을 보면서 저들은 나보다 몇 배나 더 치열한 삶을 살았을 것이란 생각이 들었다.

 결코 보통 사람의 삶으로는 이룰 수 없는 경지다. 특히 여러 작품 중에서도 동물 조소의 작품이 내 눈을 끌었다. 마치 살아 있는 생물 같았다. 내 나이 또래의 명인 작품이었다. 어떻게 만든 것이냐고 했더니 흙에 먼저 형상을 조각하고 그 조각된 형상으로 본을 뜬다고 했다. 거기에 우리 질감을 느끼게 하는 한지를 바른단다. 생각보다 견고했다. 그러나 가볍기 그지없는 데다 입체감은 말할 것도 없고 안에 불을 밝힐 수도 있어서 아름다운 조명기구가 되었다. 실제 조명을 밝힌 것을 보니 참으로 아름다웠고 한지의 고상함이 오히려 친근함이 느껴져 더욱 좋았다.

그들에겐 한 가지 이룬다는 것이 어쩌면 새로운 것에의 시작이 될 것 같았다. 몇몇 작품을 둘러보면서 나와는 다른 유형의 사람같이 느껴지기도 했지만 나처럼 끈기도 참을성도 인내심도 없는 사람은 결코 넘볼 수 없는 지경 같았다.

임계점이란 게 있다. 저온상에서 고온상으로 상변화를 할 때 저온상으로 존재할 수 있는 한계 온도와 압력이다. 물이 100도가 되어야만 끓고 꽃이 일정온도가 되어야만 피듯이 모든 게 이 임계점에 이르러야만 비로소 완성된다 할 수 있다. 그러나 완성을 보는 경우는 그리 많지 않단다. 대부분이 바로 못미처에서 포기하거나 중단하기 때문이란다.

사람의 평균 생존 나이가 90세를 바라보고 있다. 살아있다는 것은 생명의 동작을 쉬지 않는 것이다. 따라서 자라기를 멈춘다는 것은 죽어가고 있다는 말이다. 95세 노인의 말처럼 65세면 살 만큼 살았고 새롭게 무언가를 시작할 때가 아니라고 생각한 그 생각 이후에도 무려 30년을 더 살았다. 지금, 이 순간에도 살아있으니 또 얼마를 더 살지 모른다는 것이다. 사람 수명에 임계점은 적용되지 않을지도 모른다. 그러나 마지막 순간까지 삶에 충실해야 한다는 것은 신이 내게 허락한 시간들을 보다 경건히 맞는 마음이요 신에 대한 최소한의 존경과 감사다.

산딸기가 먹고 싶다는 아픈 엄마를 위해 겨울 산을 누비던 소녀가 산딸기를 얻은 건 기적이었다. 그러나 지금은 그게 기적이 되지 않는다. 계절에 관계없이 먹고 싶은 것을 다 먹을 수 있다. 그러다 보니 기다린다는 것도 참는다는 것도 잘못하는 것 같다. 하지만 임계점도 자연의 순리를 거스르진 않는다. 기다리고 참음의 결과다. 씨를 뿌리고 기다려야 싹이 트고 자라고 꽃이 피며 열매를 맺는다. 어느 과정 하나도 허투루 시간을 허비하지 않는다. 정해진 질서를 따라 임계점을 지키며 과정 하나하나를 이루어간다. 그게 자연 질서요, 삶의 순리다.

큰손녀는 아주 말을 잘하는데 세 살짜리는 몇 마디밖에 못 한다. 알아듣기는 다 하지만 말로 표현은 다 못한다. 그러니 그 답답함이 오죽하랴. 보고 있는 내가 답답한 것 몇 배로 그는 더 답답하리라. 그런데 작은아이는 빨리 걸었는데 큰아이는 걷는 게 늦었었다. 그러나 걱정하지 않았던 것은 저 스스로 걸을 만하다 여겨졌을 때 걷는 것이라는 의사의 말을 믿었기 때문이다. 물론 보행기를 써서 훈련하면 더 빨리 걸었으리라. 그러나 그것이 자칫 아이에게 나쁠 수도 있다는 말이 이해되었다. 아이는 못 걷는 것이 아니라 걸을 때가 되지 않아서였다. 저도 빨리 걷고 싶었을 것이다.

나이가 들어가면서 마음이 조급해진다. 할 일은 많은데 시간이 없다고 느껴져서이다. 하지만 그 또한 욕심인 것을 안다. 내가 못 하게 되는 것은 내 일이 아닐 것이다. 내가 못 한다고 되어야 할 일이 아니 되지는 않는다. 내가 없어져도 세상은 아무렇지도 않게 돌아갈 것이다. 그런 만큼 내가 살아있는 동안만 내 자리에서 내 몫을 하면 된다. 세상의 대부분의 것들이 그렇게 존재한다.

  몇 년째 꽃을 피우지 못하는 난분이 있다. 그러나 그도 언젠가는 꽃을 피울 수 있을 것이라 믿는다. 내가 그를 위해 해 준 것이 그가 꽃을 피울 수 없는 조건을 만들었음일 것이다. 올겨울엔 좀 더 추운 곳에 있게 해 줄 생각이다. 잎만 무성한 건 그에게도 좋은 것은 아니잖은가. 그러니 나를 생각하면 부끄러워진다. 삼십이립三十而立도 사십불혹四十不惑도 지난 지가 언젠데 해놓은 것도 없고 확실히 서 있지도 못하는 것 같으니 말이다. 벼도 여물면 고개를 숙여 수확 때가 되었음을 알려주는데 나는 임계점 바로 앞에서 멈추거나 포기하고 마는 신의 불량품인 것 같으니 이를 어쩌랴. 그게 내 한계인가. 조금만 더 할 순 없었을까.

-〈문학방송〉 2019년 2월

5.
이 또한 지나가리라

지난밤엔 비가 내렸지만 아침엔 개었다. 분명 곧 해도 떠오르리라.
때로 시간은 모든 걸 해결해 주기도 하지만 덮어버리기도 한다.
하지만 그 시간도 내가 어디서 무엇을 했는가는 중요할 것 같다.
지금 나는 겨우 마스크 한 장쯤 양보하고 또 아끼는 정도이니 정말
부끄럽다. 하지만 분명한 것은 이 또한 지나갈 것이다.

공감

컵에 녹차 한 봉을 넣는다. 순간 퍼지는 녹색의 향기로움, 물은 녹차가 되고 컵은 찻잔이 된다. 아름답고 향기로운 변화다. 한 모금 입에 가심을 하자 향이 혀끝에 은은히 내려앉는가 싶더니 온몸으로 퍼진다.

요즘 큰일 중 하나가 장례식장에 가는 일이다. 슬픔과 안타까움으로 숙연해질 수밖에 없는 자리다. 하지만 정작 그곳엔 슬픔이 없었다. 당연히 가실 길 가신 것이라 받아들임인가. 물론 내 나이의 문상은 아흔쯤은 되신 분들이다. 그래도 그렇지 상가(喪家)에 슬픔이 없다니, 슬픔에 문상객도 전염되던 자리가 아니던가.

얼마 전 교회 후배의 문상을 갔다가 아직 미혼인 남매를 보면서 가슴이 아팠다. 남은 세 가족의 슬픔과 안타까움이 내 것인 양 전해져 왔다. 그래도 세상을 많이 살았으니 가도 안 슬프고 조금 일찍 갔으니 슬프다는 건 맞지 않다.

아내와 영화를 보았다. 국제시장이라는 지나온 우리 시대의 영화다. 6·25전쟁으로 아버지와 헤어져 부산으로 피난가게 된 덕수네 다섯 식구를 중심으로 펼쳐지는 이야기다. 피난민들의 터전 부산국제시장으로부터 생명을 내건 사투의 함보른 광산 파독 광부와 시체의 몸을 닦는 파독 간호사, 전쟁이 한창이던 베트남과 이산가족 상봉까지 대한민국의 슬픈 현대사를 관통하는 내용이었다. 장면 하나하나가 내 삶의 시대였기에 아프다 못해 쓰라렸다.

한데 내 옆자리의 중학교 1학년쯤 되어 보이는 여자아이가 영화 내내 눈물을 훔치고 있다. 나 역시 흘러내리는 눈물을 그가 눈치챌까 봐 신경을 쓰고 있는데 아이가 나만큼 울고 있는 것이다. 어떤 장면에서 저렇게 눈물이 난 것일까. 아이와 내가 무언가에 일치했다는 것이 신기하고 고맙다. 내 시대를 살아보지 않은 아이에게도 나와 같은 공감대가 있나 보다. 영화가 끝나자 "너 많이 울었구나." 했더니 "네." 대답을 하곤 친구들과 바삐 나간다. 그런 감성과 감동을 가진 아이가 참 사랑스럽다. 천천히 아내와 밖으로 나가니 그 아이가 묵례를 하고는 엘리베이터 안으로 사라진다. 아이와 나의 교감은 단지 눈물이었을까.

감동이 없는 시대라고들 한다. 바빠서일까, 사는 게 너무 힘들어 감성조차 메말라버려서일까, 자기와는 관계없다 생각해서일까.

　장례식장에 슬픔을 되찾아다 놓을 순 없을까. 슬픔을 슬픔대로 느낄 수는 없을까. 영화 〈국제시장〉을 본 사람들이 영화 배경의 그곳을 많이 찾는다고 한다. 더 큰 공감을 해보고 싶음이리라. 참 반가운 일이다. 슬플 때 슬퍼하는 것은 가장 자연스럽고 아름다운 일이다. 슬퍼야 할 때 슬프지 않은 것은 감성 건조증이다. 컵의 물이 녹차로 변하듯 사람은 상황에 공감하는 동물이다. 그런데 언제부턴가 나도 그런 공감마저 잃고 산다. 그런 내가 차를 마신다. 따뜻하고 향기로운 녹차 향이 목울대를 타고 가슴으로 흐른다. 온몸이 차향에 젖는다.

－월간 『수필과비평』 2015년 2월호

이 또한 지나가리라

지난밤엔 비가 내렸나 본데 아침엔 개인 것 같다. 창밖으로 눈길을 주니 우산을 쓴 사람도 더러 있지만 대부분 그냥 가고 있다. 개이고 있다는 증거이다. 그렇다면 해라도 확 좀 떠 주지.

온 나라 온 세계가 코로나19로 아직도 아우성이다. 지구상 206 국이라니 전 세계로 전파된 것이다. 지난해 12월 1일 중국 후베이성 무한에서 발견되어 12월 12일 정식으로 최초 보고되었단다.

이미 우리는 2003년 사스, 2015년 메르스를 겪은 경험이 있어서 감염질환에는 면역이 생겼을 법한데도 공포감은 더하다. 더욱이 우리나라의 확진자가 급증하여 2월 23일부로 감염병 위기 경보를 '경계'에서 '심각'으로 격상하여 불안을 넘는 공포가 되었다.

설 연휴를 보내고 2월까지는 쉽게 종식될 것으로 보였다. 그러나 신천지 신도 접촉자를 중심으로 대규모 전염사태가 되면서 상황은 급변했다. 1월 20일 한 중국인 관광객의 확진 판정을 시작으로 1월 24일 두 번째 확진자가 발생했고, 1월 26일 세 번째 환자, 1월 27일 네 번째 환자 발생으로 확대되더니 2월 20일엔 첫 사망자가 나왔고 확진자가 1만 명에 육박했다. 어느새 5월 중순이 되었는데 우리나라의 사망자만도 262명이다. 이탈리아나 이란은 아주 심각하고 미국까지 합하면 전 세계 확진자는 450여 만 명이나 되고 사망자는 무려 30만 명이 넘었다.

지방에 있는 아들네는 매주 서울로 교회에 왔는데 아예 올 생각도 못 하고, 딸네도 가까이 살지만 조심스러워 아이들을 보러 갈 수도 없다. 부모도 형제도 자식도 갈라놓은 이 황당한 사태가 좀처럼 진정될 기미가 보이지 않으니 가슴만 답답할 뿐이다. 세계 경제가 마구 흔들리고 올림픽도 내년으로 연기했다. 너도나도 스스로 자가 격리다.

집에 있으면 여유롭게 이것저것을 할 수 있을 줄 알았다. 그런데 아니다. 아무것도 손에 잡히지 않고 머리는 혼란스러워 무엇도 할 수가 없다. 바쁜 중에야 일도 능률이 오르고 분주해야 삶의 의욕도 생기는 것임을 새삼 깨닫는다. 일상의 소중함을 뼈저리게 느끼는 중이다. 그러니 본의 아니게 강제로 자가 격리를 당했거나 병원에 격리되어있는 사람들은 어떨까. 미칠 것 같다는 표현이 딱 맞을 현실이다. 나도 여러 행사가 2월과 3월에 집중되어 있었는데 모두 무기한 연기를 했다. 4월 말의 행사를 약식으로 겨우 하나 간신히 했을 뿐이다. 다행히 확진자가 줄어들고 상황도 나아지고 있는 것 같으나 여전히 모든 강의는 중단 상태이고, 식사 약속도 만남 약속도 내키지 않는다. 그렇다고 절망만 하고 있을 수는 없잖은가.

꽤 오래전의 〈다큐멘터리 3일〉이란 TV프로가 생각난다. '대구로 달려가는 그들'이란 제목의 영상에서 봉사자로 나선 이들을 인터뷰하는데 보는 내내 괜히 미안하고 부끄러웠다. 내 안일, 내 안전만을 위해 겨우 마스크를 구하고 출입을 자제하고 잠깐 밖에 나갔다 와도 열심히 손을 씻는 내 모습이 너무 작고 부끄러웠다. 하지만 위험을 무릅쓰고 용감하게 전염병과 싸우고 있는 그들을 보면서 아무리 독한 전염병이라도 이런 사랑과 협력 앞에서는 곧 정리되리라는 희망을 안았었다.

카톡으로 영상이 왔다. "힘내세요, 이 또한 지나가리라."라는 제목인데 유대교 경전 『미드라시』에 있는 다윗왕의 얘기가 음악과 함께였다. 다윗왕이 보석 세공자를 불러 항상 끼고 다닐 만한 반지를 만들라 했다. 그리고 전쟁에서 승리하거나 위대한 일을 했을 때도 겸손할 수 있고 절망 중에도 용기를 줄 수 있는 글귀를 새기라 했다. 세공사는 무슨 문구를 넣을까 고민하다가

지혜로운 솔로몬 왕자에게 도움을 청했더니 "이 또한 지나가리라."고 새기라 했다. 승리의 순간에도 이 글귀를 보면 자만하지 않고 절망 중에도 용기를 얻을 것이라고 했다. 이 이야기를 랜터 윌슨 스미스Lanta Wilson Smilth가 같은 제목으로 시를 썼다.

  큰 슬픔이 거센 강물처럼 네 삶에 밀려와 마음의 평화를 산산조각 내고 가장 소중한 것들을 네 눈에서 영원히 앗아갈 때면 네 가슴에 대고 말하라. "이 또한 지나가리라."
  끝없이 힘든 일들이 네 감사의 노래를 멈추게 하고 기도하기에도 너무 지칠 때면 이 진실의 말로 하여금 네 마음에서 슬픔을 사라지게 하고 힘겨운 하루의 무거운 짐을 벗어나게 하라. "이 또한 지나가리라"
  행운이 너에게 미소 짓고 하루하루가 환희와 기쁨으로 가득 차 근심 걱정 없는 날들이 스쳐 갈 때면 세속의 기쁨에 젖어 안식하지 않도록 이 말을 깊이 생각하고 가슴에 품어라. "이 또한 지나가리라."
  너의 진실한 노력이 명예와 영광 그리고 지상의 모든 귀한 것들을 네게 가져와 웃음을 선사할 때면 인생에서 가장 오래 지속될 일도, 가장 웅대한 일도 지상에서 잠깐 스쳐 가는 한순간에 불과함을 기억하라. "이 또한 지나가리라."

새삼 그의 시를 읽노라니 지금의 이 상황도 또한 지나갈 것은 분명하지만 그것을 위해 헌신하고 노력한 사람과 그냥 멀거니 지나가기만을 기다린 사람의 차이는 엄청 클 것이라는 생각에 내가 더욱 작아지는 것만 같다. 역사의 현장에 있었다는 것만으로도 의미가 있을 수 있지만 그 현장에서 내가 무엇을 했었는가는 더 중요하지 않을까.

지난밤엔 비가 내렸지만 아침엔 개었다. 분명 곧 해도 떠오르리라. 때로 시간은 모든 걸 해결해 주기도 하지만 덮어버리기도 한다. 하지만 그 시간도 내가 어디서 무엇을 했는가는 중요할 것 같다. 지금 나는 겨우 마스크 한 장쯤 양보하고 또 아끼는 정도이니 정말 부끄럽다. 하지만 분명한 것은 이 또한 지나갈 것이다. 부끄럽다는 마음조차도 잊어질 것이다. 그런데도 이태원 클럽 사태가 일어나면서 불안이 다시 이니 좀처럼 잦아들 것 같지 않는 바이러스의 전파는 어떡하나. 그래도 이 또한 지나갈 것이라는 생각은 가슴에서 모락모락 피어오르고 있다. 분명 이 모두 지나가리라.

―계간 『한국동서문학』 2020년 여름호

미스 트롯과 수필문학

—수필(Supil)의 변화와 부흥을 위하여

모 방송국의 〈미스트롯〉이란 오디션 프로를 보면서 아주 많이 즐거웠다. 트롯은 그냥 가볍게 듣고 즐기는 것쯤으로만 생각했고 가곡이나 클래식, 팝송에 비해 인지도 면에서도 한계가 있는 하위적 중장년의 즐길 거리 음악 정도로 생각했었다. 그런데 3개월이 넘는 10회의 방송 속에서 그들이 보여준 대결과 경합과 도전 앞에서 나는 몇 번이나 감격하고 전율했다. 가사와 곡과 부르는 이의 열정에 영혼까지 자아내는 듯한 간절하고 진정성 넘치는 노래는 듣는 이를 웃게 하고 울렸다.

어쩌면 우리 민족의 한도 이런 트롯 곡조에 더 자연스럽게 스미고 나타나는 게 아닐까 싶었다. 노래를 온전히 자신의 것으로 만들기 위해 밤낮없이 연습하며 거기에 더 큰 공감의 효과를 위해 연기까지 곁들여 표현해 내는 모습에 모두가 감동했다.

〈미스트롯〉을 보면서 수필을 생각했다. 수필이야말로 트롯처럼 40대 중년 이상이나 쓰고 읽는 문학쯤으로 인식되거나 치부되었다. 그러다 보니 한계성이 있고 21세기의 문학이라고 하면서도 왠지 요즘 젊은이들의 말 '아싸아웃사이더'처럼 어정쩡한 문학 취급을 받게 된다. 한데 수필가도 트롯 오디션의 이들처럼 우리 '산문정신'에 입각하여 열정적으로 진정성 넘치는 글을 쓴다면 어떨까. 분명히 대중적독자 호응과 지지도 받을 것이란 믿음이 생겼다. 4, 50대 이후만이 아니라 10대, 20대, 30대도 좋아하며 쓰고 읽을 수 있는 글, 글맛에 흠뻑 빠질 수 있는 그런 수필을 쓰거나 저들도 쓸 수 있도록 우리가 보여주면 되는 것이고 또 보여줘야 한다는 사명감에 도전을 받았다.

〈내일은 미스트롯〉이란 이름으로 2월 28일 첫 방송이 된 후 5월 2일 최종회에는 무려 18.11%라는 엄청난 시청률을 보였고, 최종 방송 직후 미스트롯 진의 영상은 71만 뷰를 돌파하여 다시 한번 인기를 입증했다. 분명히 트롯은 중장년층 음악이라는 편향적인 인식이었다. 그러나 언제부턴가 젊은 층들이 노래방에선 트롯을 즐겨 불렀다. 그런 트롯 열기에 불을 지펴 트롯 전성기를 이끌 차세대 트롯 스타를 탄생시키겠다며 기획한 게 이 신개념 트롯 오디션 프로그램이라고 한다. 처음엔 그게 되겠느냐는 우려의 목소리도 높았지만 분위기는 전국을 트롯 열풍으로 몰아갔고 웃고 울게 하는 트롯의 향연 속에 온 나라가 즐거운 비명을 지른 대박 사건이었다.

경연 방식도 특별했다. 본선은 1차 장르별 팀, 2차 1대1 데스매치, 3차 군부대 미션으로 이어졌고, 1라운드, 2라운드 팀 대결, 준결승 레전드 미션, 그리고 1라운드 개인전 대결과 2라운드 1대1 한 곡 대결이 펼쳐졌다. 결승은 라스트 미션, 1라운드 작곡가 미션, 2라운드 나의 인생곡 미션으로 매 대결마다 살아남느냐 못하느냐의 절체절명의 순간이었다. 하니 언제든 마지막 무대라는 각오로 임해야 했고 그렇게 최선을 다하는 마음이 모두에게 전해졌다. 경연 과정 속의 예상치 못한 새로운 조합도 기대 이상의 음악을 만들어내서 심사위원들조차 감동하고 감격하니 회가 거듭될수록 흥미도 더 높아졌다. 중장년층의 시청률은 말할 것 없고 2040 시청률도 5%가 넘었다는 것은 이 프로그램이 트로트라는 중장년층 지향의 장르를 넘어선 특별한 재미가 있다는 증명이었다.

나는 본의 아니게 두 번이나 울릉도를 오가는 선상에서 왕복 6시간씩 무려 12시간이나 이 방송을 보았다. 그런데도 감동이었고 마냥 즐겁고 행복했다. 그들의 노래, 사연, 노래하는 모습에서도 완전 공감하고 감격했다.

그들의 노래에선 저마다의 한이 보였다. 꼭 이루고야 말리란 목표요 목적의 꿈이고 희망이었다. 수많은 난관을 연어처럼 거슬러 올라온 역전의 장한 노래 용사들이었다. 그들은 고통과 어려움을 노래하는 즐거움으로 치유하고 회복하며 열창을 통해 활력으로 환치시켰다.

  수필은 누구나 흥얼대며 따라 부르는 트롯처럼 쉽게 접근할 수 있는 문학이다. 그래서 문학으로는 무언가 2%가 모자란다는 상황이 된 것일까. 임계점처럼 물은 100도가 되어야만 끓는다는 것을 알면서도 마지막까지 최선을 다하지 못하고 99.9도에서 멈추는 조바심을 낸 것은 아닐까. 좋은 수필가가 많은데도 미스트롯 대회 같은 계기나 전환점이 없어서일까. 소월 같은 시의 천재가 수필에서 나와 주지 않았다 해도 많은 좋은 수필을 쓰는 인재들이 전국에 산재해 있다. 그들의 무대를 만들어 주는 어떤 방법이 없을까. 하지만 그 전에 해야 될 일이 있다. 숨어있는 잠재력을 찾아내고 활로를 열어주는 충분한 평가와 응원의 장이 내부에서부터 일어나야 한다. 젊은이들이 노래방에서라지만 트롯을 찾았던 것처럼 그들이 수필을 좋아할 수 있는 그 무엇을 주어야 한다. 작가의 입장에서도 무엇을 위해 쓰느냐, 누구를 위해 쓰느냐에 대한 고민이 있어야 한다. 요즘 대중의 눈은 노래보다도 춤에, 듣는 것보다 보는 영상에 더 빠지는 것처럼 문자를 읽는다는 것 자체가 안 해도 될 노동이라는 인식을 어떻게 바꿀 수 있을까. 문화를 바꾸는 힘은 작가보다 독자가 더 클 수 있다.

특히 수필은 자신의 체험적, 시대적 삶을 통해 문화와 정서를 정화하고 그 삶을 독자대중와 나눈다. 〈내일은 미스트롯〉이 트롯 전성기를 이끌어갈 차세대 트롯 스타를 찾으려 했던 것처럼 수필 또한 그런 분위기를 만들어낸다면 잠재력을 능력으로 가꾸고 키워낼 수 있을 것이다.

전국에는 수많은 수필 강사들이 있다. 그러나 잠재력을 찾아내서 능력으로 키워주려는 시도보다는 수필가란 이름이나 얻게 하는 정도의 도움에 그치는 경우가 많고 사후관리도 약하다. 그러다 보니 수강생들도 삶의 '여기餘記'쯤으로 여기게 되어 치열한 문학정신을 지키려는 의지도 결심도 안 보인다. 목숨 걸고 하는 문학, 어려서부터 시작하는 문학은 못 되더라도 분명히 시나 소설과는 다른 수필이라는 고유 영역의 문학적 정체성과 에세이로 번역되는 것과 확실히 구별되는 우리 정서에 맞는 '수필Supil' 고유의 문학적 존재감을 확립하는 체계와 논리와 이론과 문학성 구축이 먼저여야겠다. 수필가 각자가 당연히 먼저 노력해야겠지만 문학 교실의 지도자들도 더욱 노력해 줘야 할 것 같다. 그렇게 키워낸 잠재력과 능력들이 1만 2천 명 참가자 중 뽑힌 100명의 트롯가수 지망자들처럼 수필가들에게도 최소한의 치열함은 있어야 한다. 저마다 수필문학의 대표주자라는 자부심 속에 각자가 대표성을 갖는 거룩한 부담감을 가질 때 우리 수필의 계절,

진정한 참 수필의 부흥시대도 올 것이라 생각한다.

한국문인협회가 제27대 새 집행부를 출범시키며 한국문학의 세계화 내지 세계 속의 한국문학으로 질적 향상을 도모하고 있는 것과 발맞춰 수필은 더 빠른 걸음으로 선도적 자세와 위치를 확보했으면 한다. 무엇이 필요 이상으로 넘치고 또 무엇이 부족한가를 보는 눈도 필요하리라. 수필가는 많은데 좋은 수필은 없다는 부끄러운 현실이 바로 수필가 개개인 곧 내가 좀 더 치열하지 못해서 오는 결과라면 어떡할 것인가. 〈미스트롯〉 오디션 프로를 보면서 수필도 독자들의 가슴에 파고들어 웃고 울리며 그들과 함께 하는 진정한 우리 한국적 문학 '수필Supil' 장르로 발전하는 소망을 가져본다.

— 『월간문학』 2019년 8월호

다시 편지를 쓰고 싶다

'편지'라는 말만 들어도 가슴이 두근대던 때가 있었다. 멀리서 "따르 따르 따르." 하고 빨간색 자전거가 마을로 접어들면 온 동네의 시선이 그쪽으로 향해졌고 우리도 뛰어놀던 것조차 멈추고 집배원 아저씨에게로 달려갔다. 어디서 편지 올만 한 데도 없는 어른들까지도 괜스레 자전거를 기다렸고 누구네에 누가 편지를 보냈나 더 궁금해했었다. 그러다가 우리 집에 오는 편지, 내게 오는 편지라도 있으면 무슨 소식일까 너무나도 궁금했지만 그걸 그 자리에서 뜯지 못하고 한달음에 집으로 뛰어가기도 했었다. '우리 집에 누가 편지 보낼 사람이 있겠는가.' 어떤 이는 안타까운 한숨만 내쉬기도 했다.

가장 정겨운 통신 수단, 특히 멀리 있는 이에게 보내는 소식은 편지보다 더 좋은 게 없었다. 글씨를 쓸 줄 모르면 동네의 누군가에게 부탁하여 구술을 하면 그것을 받아 적어주었었고, 답장이 왔는데도 글씨를 모르면 역시 글을 읽을 수 있는 누구에겐가 읽어달라고 하여 들으면서 눈물 콧물을 훔쳐내기도 했다.

편지가 주는 감동은 문자적 소식 이상의 큰 의미를 지니고 있었다. 글자를 깨우쳐 편지를 보내온 것에 대한 대견함에서의 감격도 컸다. 부모를 떠나 객지에서 공부를 하거나 일을 하는 것에 대한 안쓰러움과 대견함도 있다. 그리고 다른 통신 수단이 없으니 소식을 모르던 답답함과 안타까움을 일순간에 해소시켜주는 반가움과 고마움이 컸다. 거기다 부모를 그리는 자식의 애틋한 정과 떨어져 있어서 더욱 보고파지는 부모의 마음까지 합해졌다. 그렇게 정의 결정체인 한 통의 편지이니 그 감동과 감격이 어찌 크지 않으랴. 그런데 요즘은 보내면 몇 초도 안 되어 받아볼 수 있는 전자우편의 시대다. 목소리를 직접 들을 수 있는 전화도 있고, 얼굴까지 보며 직접 대화를 할 수 있는 화상통화도 있다. 맘만 먹으면 몇 시간 내에 찾아가 만날 수 있게 교통수단도 좋아졌다. 그러나 한 통의 편지가 주는 정을 대신할 만큼은 되지 못하는 것 같다.

나는 요즘도 편지를 즐겨 쓰는 편이다. 전화나 이메일은 좀 건방진 것 같고 너무나 형식적인 것처럼 느껴진다. 특히 윗어르신들께는 전혀 인사가 되는 것 같지 않다. 오히려 버릇없다고 야단만 맞을 것 같다. 아랫사람에게도 기계 글씨로는 내 마음이 전해지는 것 같지 않다.

1997년 한 해 45억 통이던 우편 물량이 2001년까지는 64억 통으로 늘었다고 한다. 그러나 그 후로 개인적 편지인 우편 편지는 점점 줄어들어 요즘은 1년에 단 한 통의 편지도 보내지 않는 사람이 대부분이라고 한다. 편리를 추구하는 시대의 흐름이요 추세일지 모르겠다. 그러나 한 장의 종이 안에 담겨있는 친필 편지의 따스한 정은 무엇으로도 대신할 수 없다.

지난해 캐나다 심포지엄에 갔을 때다. 문득 편지를 보내고 싶었다. 이국 하늘 아래서 고국으로 보내는 편지, 편지를 보낸다고 해도 내가 편지보다 더 빨리 도착할 수도 있을 터인데도 편지를 쓰고 싶었다. 엽서를 사서 아내와 두 아이와 그리고 나, 모두 네 장의 엽서를 썼다. 하루의 일정을 마치고 숙소에 앉아 고국의 그들을 향해 짧은 엽서를 쓰면서 나는 많이 행복했었다. 편지를 보낼 상대가 있다는 것만도 얼마나 큰 축복인가. 우표를 못 사 부치지도 못하여 가져오고 말았지만 그걸 쓰는 동안에 나는 오랜만에 참 많이 행복했었다.

나는 수십 년간 해마다 5월이면 어머니께 편지를 썼다. 그러나 한 번도 편지를 부치진 못했다. 보내는 사람은 있어도 받을 사람이 없는 편지, 보낼 수도, 보낸다고 가주지도 않을 편지, 나는 그런 편지를 카네이션 대신으로 쓰곤 했었다.

지금도 나는 귀한 책을 보내오신 선배 문인께는 편지를 쓰고 있다. 감사한 마음, 축하하는 마음을 편지지에 담아 적으며 그분을 생각한다. 그리고 빨간 우체통에 편지를 넣는 기분, 우체통은 왜 빨간색일까. 언제부터 빨간색이었고, 왜 빨간색이어야 하는지는 모르겠지만 빨간 우체통이 주는 느낌은 편지를 쓰는 마음과 함께 내 안에 핏빛 따스함을 더해 준다.

편지를 쓰며 지난날을 생각한다. 한 장의 편지를 쓰기 위해 밤을 하얗게 새우거나 찢어버린 편지지로 방안을 가득 채웠다는 말은 다반사였지 않던가. 그만큼 정성이 들어가는 것이 편지인 것이다. 그러나 나는 한 번도 그래보질 못했다. 편지지에 단번에 쓰는 편지로 일관되곤 했다. 그래서 내가 편지에 어떤 내용을 썼는지 모르는 경우가 더 많다. 하지만 편지는 쓰는 그때 그 순간의 내 마음을 그대로 전하는 것 아닌가. 고치고 다듬는 것보다 그렇게 마음 그대로가 온전히 보내지는 것이 더 옳다고 생각하는 입장이다.

우리 가족은 비교적 편지를 자주 쓰는 편이었다. 아내도, 큰딸아이나 아들아이도 편지를 곧잘 썼다. 늦게까지 공부를 하다 내 방문에 편지를 써서 붙여놓던 딸아이, 나보다 일찍 나가게 될 때는 아침상 위에 편지를 써놓던 아내, 깨알같이 작은 글씨로 여자

아이처럼 예쁘게 편지를 쓰던 아들아이, 나 또한 짧은 쪽지 편지를 자주 썼다. 하지만 지금은 참으로 오래전 옛이야기가 되어버렸다. 아들아이가 군에 가 있을 때 우리 부부가 보낸 편지를 아이는 제대하면서 그걸 파일에 넣어 갖고 왔었다. 거기에 우리 부부가 받았던 아들의 편지까지 넣은 두툼한 파일을 지금도 보관하고 있다.

  직접 해도 될 말을 편지로 대신하는 것은 오히려 거리감을 주고 서운함도 줄 수 있지만 사랑의 표현을 편지로 남겨 놓으면 한결 기분이 좋다. 편지를 쓴다는 것은 마음을 표현하는 것이요 그 마음을 글로 읽을 수 있기 때문이리라.

  세상은 참 많이 빠르게 변하고 있다. 지금은 우편 업무도 편지가 아닌 택배나 고지서 등 업무가 주란다. 문구점에서 편지지를 사던 때가 그리워지고 있다. 연필로 쓸까, 볼펜으로 쓸까, 만년필로 쓸까 고민도 했었는데 어느새 나도 카톡이나 문자가 먼저 앞서고 있다. 하지만 어쩌다 편지를 받게 될 때의 기쁨은 오히려 배가 된다. 그런 기쁨을 위해 나도 가끔은 편지를 쓰지만 우선 우표를 붙이고 우체국에 가거나 우체통에 넣어야 하는 번거로움과 불편이 자꾸만 마음을 막아버린다. 우체통을 찾기도 쉽지 않고 우표를 파는 곳도 없다. 하지만 시간이 지나도 펼쳐보면 사연과 함께 글씨를 써 내려가는 그의 모습이 그려지고 생각나는 편지이기에 나는 억지로라도 편지를 쓰려고 한다.

내가 편지를 쓰지 않으면 편지가 영영 사라지고 말 것 같은 불안감이 생기는 것도 또 하나의 이유이다. 글을 쓰는 작가지만 사실 편지만큼 따뜻한 글이 세상에 또 있을까.

오랜만에 만년필도 꺼내어 유일하게 남은 내 어머니의 끈인 이모님께 편지를 써야겠다. 그래 다시 편지를 쓰고 싶다는 마음도 일어나게 하고 싶다. 글씨를 잃어버릴 것 같다는 불안감도 떨쳐버리게.

돋보기를 꺼내 내 편지를 읽으며 눈물을 흘리시는 이모님 모습이 벌써 눈에 선하다.

—『동리목월』 2019년 봄호

미안해 보단 고마워

―2020년을 보내며

밤 운전을 합니다. 도심이 아니어서인지 가로등 불빛이 별인 듯 곱습니다. 하마터면 진짜 별인 줄 알 뻔했습니다. 코로나로 정지된 것들이 많아 대기가 맑아져 가까이 내려와 있는 별을 만나는 기쁨인가 싶기도 했습니다. 하지만 현실은 현실이었습니다. 별이 아닌 가로등 불빛이었고 여전히 사람들은 집콕을 강조하며 서로 거리두기를 하고 있습니다. 별은 하늘에만 있고 그것도 날이 맑은 밤이어야만 볼 수 있는 것이었습니다. 오래전 우리가 공상과학소설이나 만화에서 보았던 그 미래 시대가 2020년이었는데 어느새 우리는 그 자리에도 서 있습니다.

2020년, 우리는 어느 때보다도 큰 희망과 기대로 새해를 맞았습니다. 그러나 한 달도 채 못 살고 코로나19라는 생각잖은 침입자에게 일상의 대부분을 빼앗기고 말았습니다. 예기치도 못했던 상황에 우리는 그래도 잠깐이겠지 하며 기대의 끈을 붙들고 있었고 한 번도 만나보지 못했던 그의 존재를 그렇게까지 크게는 생각지도 않았습니다. 한데 그는 우리가 생각했던 것보다 훨씬 크고 무서운 존재였습니다. 순식간에 우리의 생활권에서 제가 마치 주인이라도 되는 양 우리를 밀어내 버렸고 사람의 생명까지도 제 것처럼 흔들었습니다. 벌써 열한 달, 온 지구촌이 그의 횡포에 어쩔 줄 몰라 하고 있습니다. 오늘 하루만도 우리나라의 사망자가 22명이나 되고 확진자가 일천 명이 넘는다니 이 일을 어쩐답니까. 며칠 있으면 큰손녀의 초등학교 졸업식과 곧이어 중학교 입학식이 있을 건데 6학년 1년간 친구들과 만난 것도 몇 번 안 되고 학교도 몇 번 못 갔고 그러니 선생님도 몇 번 못 봤을 겁니다. 그리고 졸업이라니 얼마나 서글픈 상황입니까. 졸업식도 학교에선 못 할 것 같다고 아이는 벌써 울음 반입니다. 중학교 입학식이라고 제대로 할 수는 있겠습니까.

다섯 손녀 중 막내는 올해에 초등학교에 입학했습니다. 언니들과 같이 다닐 거라며 학교 갈 날을 달력에 표시해 놓고 그날만을 기다리고 있었는데 입학식은커녕 새 친구들이나 담임 선생님까지도 만나볼 수 없는 이상한 입학으로 몇 달을 보내야 했고 어느새 일 년이 다 가고 있습니다. 제 짝이 누구인지도 모르는 참으로 희한한 학교생활입니다. 그런데 아직도 끝이 보이지 않습니다. 누구를 탓할 수도 없고 속수무책인 상황에서 자영업자들이며 요식업자들은 더 어찌할 바를 모르고 있고 비정규직이나 많은 직종들이 한숨만 토해내고 있습니다. 그렇다고 세상이 멈춰버린 것은 아닙니다. 돌아가지 않는 쪽이 있는 대신 더 빨리 돌아가는 곳도 있기는 합니다. 하지만 전체적으로 힘든 사람들이 훨씬 더 많은 것이 현실입니다.

12월은 한 해가 마감되는 때로 각종 행사도 많았을 때입니다. 내 12월 스케줄도 빡빡하게 차 있습니다. 그러나 내일 행사조차도 할 수 있을지 알 수 없는 불확실성 속에 사는 우리입니다. 며칠 전에도 5~600명씩 모여 하던 행사를 49명 이내로 모여 했습니다. 평생에 한 번뿐인 신인상 시상식을 안 할 수도 없어 수상자와 심사위원과 시상자만 참석하여 시쳇말로 행사를 때우기도 했습니다. 이런 가운데도 여전히 감동은 있고 뜨거운 감격과 감사가 있습니다. 밤낮없이 방역 전선에서 고생하는 의료진과 관계 공무원들의 숨소리가 들리기 때문입니다. 그게 우리의 삶이 아닌가 싶습니다. 슬프다고 울고만 있을 수도 없는 현실이 아닌가요. 속으로는 울어도 겉으론 웃어야 하는 것도 현실이고요. 그 답답하고 우울했던 2020년도 며칠 남지 않았습니다. 2021년의 해가 저만치 와있습니다. 그리고 하나같은 소망은 새해엔 제발 코로나로부터의 자유로움입니다. 세계는 백신 전쟁으로도 치열하지만 계절은 변함없이 우리에게 와 주고 있고 생명은 태어나고 또 떠나가기도 합니다. 소멸과 생성, 변화와 발전, 모든 것들이 제자리에서 정상적으로 지켜지기만 하면 얼마나 좋을까요.

문득 미안해보다는 고마워란 말을 하고 싶어집니다. 살다 보니 아니 살아보니 내가 못 해 준 것이 너무 많고 안 해야 했던 것들도 많습니다. 또 상처를 내고 아픔을 준 것은 어디 한두 가지겠습니까. 그저 미안할 뿐입니다. 그런데 생각해 보니 그런 미안함보다 그걸 용서하고 이해하고 참아준 것에 대한 고마움이 더 클 것 같습니다. 아니 그럼에도 불구하고 염치도 없이 내가 받은 것이 너무 많았다는 사실입니다. 나는 못 해줬는데도 그는 내게 해줬고 내가 해달라고 하지 않았던 것까지도 그에게서 받고 있었다는 것입니다. 그래서 세상 살기란 미안해보다 고마워가 옳다는 생각입니다. 지금 내가 이만큼 있는 것도 수많은 도움의 결정結晶인 것입니다. 지금 이만큼의 나, 그리고 지금의 나라는 것은 가까이서 멀리서 알게 모르게 누군가가 나를 위해 해 준 것의 열매라는 사실입니다.

어두운 밤길 운전을 하면서 별빛처럼 보이는 가로등, 그리고 어둠을 밝혀주는 내 차의 불빛 또한 고마워할 조건입니다. 내 살아온 수많은 어둠 속에 불빛이 되어주었던 사람, 사랑, 용서, 희망 등 고마운 것이 너무나 많습니다. 어려웠던 2020년을 지나

여기 있는 것 또한 고마움입니다. 새해를 바라보는 마음도 고마움입니다. 그러고 보면 우리 삶도 미안해 보단 고마움이 더 많았던 게 분명합니다. 미안해 보단 고마워, 그저 고마울 따름입니다. 오늘보단 내일이 더 나을 거라는 희망도 있기 때문입니다.

—『실버넷뉴스』칼럼. 2020년 12월 28일

의느님

나는 꽈배기를 참 좋아한다. 밀가루나 찹쌀가루를 반죽해 엿가락처럼 가늘고 길게 늘인 다음 그걸 두 가닥으로 꽈서 기름에 튀겨 낸 과자가 꽈배기다. 어린 날엔 명절 때나 맛보던 최고의 과자였다. 그런데 언제부턴가 내가 좋아하는 꽈배기가 먹을 것이 아닌 비유적인 말로 더 많이 사용되는 것을 본다.

'넌 왜 맨날 꽈배기니?' 매사를 부정적으로 보는 한 친구의 별명도 꽈배기다. 사물을 비꼬아서 말하기 좋아하는 사람을 비유적으로 이르는 말이 되어버린 것이다. 그런데 요즘에는 꽈배기처럼 단순히 비꼬기보다 촌철살인으로 세태를 풍자하는 신조어들이 풍년이다.

언제부턴가 2040의 서글픈 신조어로 소개된 말들이 있다. 이 구백은 20대의 90%가 백수라는 말이고, 삼초땡은 30대 초 명예

퇴직이고, 동태는 한겨울의 명예퇴직이란다.

그냥 가슴이 먹먹해지고 서글퍼지는 말들이다. 꿈과 희망으로 잔뜩 부풀어 있어야 할 20대의 젊음과 신 지성들의 90%가 백수라면 이 사회는 어디로 가고 있다는 말인가. 어떻게 30대 초에 명예퇴직하고 거기다 한겨울에 자의가 아닌 명예퇴직을 당하면 아무 대책도 없이 어떻게 살라는 것인가.

그래서일까. 퇴직을 생선에 비유하여 만든 말도 있었다. 조기퇴직은 조기, 명예퇴직은 명태, 황당한 퇴직은 황태 그리고 퇴직금을 제법 두둑이 챙긴 명예 퇴직자는 알밴 명태라고 하고, 회사의 퇴직 압박에도 굴복하지 않고 한직으로 밀려나도 끝까지 버티는 사람은 생태라 했다.

요즘 우리나라는 취업난으로 몸살을 앓고 있다. 그래서 20대 청년 실업을 빗대어 만들어진 말들도 많다. 장기간 미취업자를 장미족이라 하는가 하면 청백전은 청년 백수 전성시대, 빌빌족은 취업 못 하고 빈둥거리는 사람, 대5족은 취업 못 해 졸업 미루는 대학 5학년이란다. 삼일절은 31세까지 취업 못 하면 끝장이라는 말이며, 행인은 행정 인턴의 준말로 제대로 된 직업을 못 갖는 사람을 뜻하고, 메뚜기 인턴은 취업을 못 하고 인턴으로만 옮겨 다니는 것을 의미한단다. 그래서 백수 탈출 작전을 펴는 몸부림이 표현된 말들도 생겨났다. 토폐인은 토익 공부만 하는

폐인, 에스컬레이터족은 취업을 위해 편입을 반복하는 사람이고, 강의 노마드족은 취업용 강의만 쫓아다니는 사람을 말하며, 취집은 취업을 못 해 시집이나 간다는 말이란다.

그러다 보니 미래는 불안해지고 그래서 거기에 따른 두려움이 담긴 신조어도 있는데 바로 38세가 되면 퇴출 대상이라는 삼팔선과 50~60대까지 회사 다니면 도둑놈이라는 오륙도다. 38세에 퇴출 대상이라는 말도 안 되는 현상에 평균연령이 100세를 바라보는 시대에 50대 60대까지 직장에 있으면 도둑놈이라니 이를 어떻게 받아들여야 하는가.

70, 80년대엔 참새 시리즈, 최불암 시리즈 등 당시 세태를 풍자하는 시리즈물들이 유행했었다. 답답하고 막막한 마음을 이렇게라도 풀어 웃어보겠다고 하는 것이지만 그런 웃음이 어찌 신나고 호쾌한 웃음만 하겠는가.

요즘은 모든 게 돈이란 잣대로 평가되는 것 같다. 한때는 학력에, 사는 곳이 어디냐 했었는데 시대가 변하는 것은 사람 마음이 변하는 것 아닐까.

며칠 전 잘 나가는 의사 친구를 만났는데 자기는 이 나이에도 '의느님'이라고 했다. 그게 무슨 말이냐고 했더니 '의느님'은 의사와 하느님의 합성어로 성형외과의사를 지칭한단다. 현대는 외모가 실력이라는 말을 실감하듯 얼굴이 예쁘지 않으면 아무리 실력이 있어도 그 실력을 펼 기회조차 얻지 못한단다. 그러니 취직시험 준비에도 성형수술이 기본이란다. 실력이 뛰어나도 우선 면접관의 눈에 들지 못하는 외모면 탈락의 고배를 맞을 수밖에 없으니 성형수술도 스펙의 하나가 된 셈이다. 그래서 성형수술로 과거와 완전히 다른 자신의 변한 모습을 보면서 의사의 창조적인 능력에 경탄하며 의느님이란 호칭을 만들어낸 것이다. 요즘 예쁘다는 사람치고 의느님의 손길을 거치지 않은 사람이 있겠느냐 할 정도로 되었다는 그의 말은 또 한 번 가슴을 아리게 했다.

어찌 의느님 뿐이랴. 인터넷의 급속한 확산으로 파생되는 다양한 '인터넷 신조어'들이 중장년층은 낯설 수밖에 없겠지만 10대 20대의 생각을 알기 위해선 신조어를 몰라서도 안 될 것 같다. 최대의 소통광장인 인터넷 소통에 큰 힘이 필수적인 것이 바로 인터넷 신조어이기 때문이다.

버스를 탔는데 젊은 친구 중 하나가 자긴 감기몰에 잠깐 들러야 한다고 했다. 감기몰이 뭘까 아무리 생각해도 알 수가 없다. 궁금증을 참지 못해 남은 한 친구에게 물었더니 감기몰은 현대백화점에서 운영하는 온라인 쇼핑몰 'H mall'을 말한단다. H에이치의 발음이 재채기 의성어와 유사하기 때문에 생기게 된 신조어인데 요즘은 그런 유사한 신조어가 많단다. 기름몰GS e shop, 설탕몰CJ mall, 효리몰G market 등이 그런 것이란다. 주유소로 잘 알려진 GS가 운영하는 'GS e shop'은 기름몰, 설탕 제조 업체인 CJ의 'CJ mall'은 설탕몰로 불린다는 것이다.

젊은이들 사이에 사용되고 있는 신조어에 꼬픈남은 꼬시고 싶은 남자의 줄임말이고, '꼬픈녀'는 꼬시고 싶은 여자의 줄임말이란다. 차가운 도시 남자는 '차도남', 꼼꼼한 도시 남자는 '꼼도남', 따뜻한 도시 남자는 '따도남', 까칠한 도시 남자는 '까도남'이라고 한단다.

'미존'은 미친 존재감의 줄임말인데 오래전 개그맨 정형돈이 〈무한도전〉에서 사용하여 인기 신조어가 되었던 것으로 '미친'이란 단어가 접두사처럼 이용되면 '엄청난' '굉장한' 등의 의미가 된단다.

돌싱이란 말도 있다. 돌아온 싱글의 줄임말로 이혼을 해 싱글 상태가 된 남자나 여자를 지칭하는 말인데 '돌싱남' '돌싱녀'로 사용된단다.

학교 다닐 때 우린 선생님을 꼰대라고 했었다. 그런데 선생님이 안 계신 줄 알고 꼰대라고 했다가 선생님한테 걸려 복도에서 의자를 들고 벌을 섰던 기억이 난다. 그랬음에도 우린 '꼰대'란 말을 즐겨 사용했었다. 가만히 생각해 보면 우리 사는 세상엔 정상적인 말만큼 이런 풍자어도 많이 있지 않을까 생각이 든다.

오랜 친구를 만났을 때 그 친구가 내 별명을 불러주면 더 정겨움이 느껴진다. 하지만 시대적 신조어들은 즐거움보다는 슬픔과 아픔의 산물이다. 힘없는 약자나 소수 무리가 만들었을 이런 말들은 며느리의 시어머니 흉보기 같은 것쯤 될까. 그래도, 그렇게라도 하면 조금은 속이 풀리고 후련할까.

부르기도 어려운 의느님이란 말 앞에서 친구는 그랬다. 미용성형이란 모두를 붕어빵 찍어 내듯 아름답게 만드는 것이 아니라 사회에 감히 나아갈 수 없게 된 얼굴을 떳떳하게 나갈 수 있도록 만들어 주는 것이어야 한다고. 그럴 때 의느님이지 다른 사람 사진 보며 그 코, 그 입, 그 눈처럼 만들어 주는 것이 어찌 의느님이겠느냐고 했다.

내가 꽈배기를 좋아하는 것도 그 맛 때문이다. 적당히 꼬아진 채 노릇노릇한 먹을거리, 맛이 아닌 그 꼬인 것만 본다면 그 또한 문제가 아닐까. 하지만 촌철살인의 요즘 젊은이들 신조어들도 사랑한다. 그들이 살아있기에 분출해 낼 수 있는 불만이요 아픔이요 절망이 아닌가. 그런 게 있기에 우리도 그들을 알 수 있지 않은가. 단순한 비꼬기가 아니라 빨리 그들이 원하는 것을 얻고 싶다는 열망이고 기도가 아닐까. 이구백, 삼초땡, 동태에 장미족, 청백전, 빌빌족이라 해도 꿈을 버리지 않았으면 좋겠다. 밤이 깊으면 새벽이 멀지 않은 법 그래도 그대들에겐 아직 시간이 있지 않은가.

　이젠 칼을 놓을 때가 되었다는 의느님 친구가 오늘은 한턱내겠단다. 돈 버느라 친구들도 못 만난 죗값을 얼마나 제대로 해낼지 지켜볼 일이다. 한턱 쏘는 것도 의느님다울 지는 모르겠다. 하지만 외모만이 아니라 시대의 아픔까지 치유해 낼 수 있는 의느님은 어디 가야 만날 수 있을까. 내 친구도 그 중 하나일까.

-계간 『인간과문학』 2019년 봄호

그때 그분들을 생각하며

—『계간수필』 100호에

『계간수필』이 지령 100호를 맞았다니 기쁜 마음을 헤아릴 수 없다. 계간으로 100호라는 것은 25년이라는 말이다. 25년, 4반세기, 결코 짧지 않은 세월이다. "시작은 미약하였으나 나중은 창대하리라"는 성경의 말씀이 있다. 이를 두고 하는 말일 것 같다.

『계간수필』은 수필문우회의 기관지다. 한국수필문학진흥회가 『수필공원』에서 『에세이문학』으로 발전해 가는 동안 수필문우회는 발표 지면을 두고 많은 고심을 해야 했다. 수필문우회의 회원들은 한국수필문학진흥회의 초기 회원들이다. 월간 『수필문학』발행인 김승우의 폐간으로 창간했던 『수필공원』이 원래의 의도와는 다르게 두꺼운 잡지로 변하면서 생긴 갈등은 그 원래의 의도를 살릴 수 있는 잡지의 필요성으로 대두되었다. 해서 수필문우회는 창립 14년 만에 『계간수필』을 창간케 되었다. 1995년 8월 15일 가을호

창간호는 발행인 김태길. 편집인 허세욱. 편집위원 김태길 윤모촌 박재식 허세욱 김영만, 발행처 수필문우회로 128쪽 값 2,500원으로 발간되었다. 1981년 10월 9일 회원 26명으로 한 달에 한 번씩 모여서 수필이야기를 나누자는 취지의 작은 수필가 모임으로 수필문우회는 발족했었다. 김태길, 차주환, 김우현, 김사달, 김열규, 김우종, 김종수, 김태정, 박연구, 변해명, 소광희, 송규호, 유경환, 유병근, 유혜자, 윤형두, 윤모촌, 이병남, 정목일, 정재은, 정진권, 정혜옥, 최승범, 한형주, 허세욱, 황찬호 등 26명이 서울 소재 파나여행사김우현 회원이 회장으로 있던 회의실에 모여, 한국수필의 위상과 수준을 높이고 그 이론을 탐구하여 비평 풍토를 조성하자는 뜻을 모아 창립했다. 그 후 고봉진, 강호형, 고임순, 공덕룡, 구양근, 권일주, 김국자, 김규련, 김병권, 김소경, 김수봉, 김시헌, 김영만, 김종완, 김진식, 김채은, 김형진, 남기수, 남기연, 문혜영, 박영자, 박재식, 반숙자, 백임현, 변해명, 서지문, 송규호, 손봉호, 신현복, 엄정식, 염정임, 오경자, 오덕렬, 오희숙, 유경환, 유혜자, 윤소영, 윤형두, 은옥진, 이경은, 이병남, 이순형, 이응백, 이정림, 이태동, 이희수, 정목일, 정부영, 정진권, 정선모, 정태헌, 정호경, 주연아, 차주환, 최민자, 최병호, 최숙희, 최순희, 최원현, 한형주, 허창옥, 홍혜랑 등이 추가되어 65명이 되었지만 그 분들 중 많은 분들이 지금은 우리 곁을 떠나셨다. 그래도 가신 분이 자리를 대신하여 신입회원들이 들어와 100여 명의 회원이 된 것은 실로 감사할 일이다.

초대 김태길 회장님은 "잡지를 발간하자는 의견에는 크게 두 가지 이유가 있었다. 하나는 모임이 활기를 얻기 위해서 새로운 구심점을 마련할 필요가 있다는 것이었고, 또 하나는 한국 수필의 위상을 높이기 위하여 작더라도 탄탄하고 개성이 뚜렷한 잡지를 발행함이 바람직하다는 것이었다. 중략 창간호를 편집하는 과정에서 좋은 잡지를 만들어보겠다는 일념으로 여러 차례의 편집위원회를 열었다. 좋은 잡지를 만들어보겠다는 생각에서 많은 노력을 기울이기는 했으나 결과는 그리 만족스러운 편이 아니다. 하략"―「창간사」 1995년 8월. 수필문우회 회장 김태길라고 하셨다. 허세욱 선생님이 회장이 되시면서 젊은 사람도 들어오게 하자 하여 나도 문우회 회원이 되었다. 김태길 이응백 공덕룡 허세욱 김시헌 정진권 박재식 강호형 변해명 유경환 유혜자 이정림 최병호 선생님 등 어르신들이 함께하는 합평회는 내게 대한민국 어디서도 접할 수 없는 축복의 자리였다. 김태길 허세욱 고봉진 회장님이 다 돌아가시고 지금은 엄정식 회장님 시대다. 나는 하필 시간이 맞지 않아 요즘은 참석을 거의 못 한다. 하지만 수필계 어른들을 뵙는 것만으로도 행복했고 그분들이 수필 문단에 계셔주신 것만으로도 힘이 되고 감사했다. 계간 수필 100호는 많은 분의 수고

와 땀의 결실이지만 앞서가신 그 어르신들의 힘이요 공이었음을 인정해야 한다. 그렇기에 『계간수필』은 더 큰 숙제를 안는다. 서른 개가 넘는 전문수필지 시대에 그중 하나로만이 아니라 수필을 사랑하고 목숨보다 더 귀히 여기셨던 그분들의 뜻을 계승하여 시대에 맞는 아니 새 시대를 여는 수필 잡지가 되어야 한다. 무엇보다 좋은 수필을 쓰는 수필가를 많이 배출하되 내일의 수필 문단을 짊어지고 나갈 젊은 수필가를 찾아내야 한다. 수필인구는 1만 명이 넘는다지만 눈에 띄게 좋은 수필을 쓰는 수필가는 그리 쉽게 눈에 띄지 않는 현실도 우리의 책임이다. 21세기는 수필의 시대라고 하면서도 어디에서도 그런 분, 그런 분위기를 느낄 수도 찾을 수도 없다. 한국 수필문학의 그 중심에 계간수필이 장하고 우뚝하게 설 수 있었으면 좋겠다. 그리하여 150호 200호로 발전해 가며 아름다운 수필의 향기를 문학의 동산에 가장 짙게 풍겨내었으면 한다.

―『계간수필』 2020년 여름호

※ 한국수필문학진흥회 : 1977년 창립, 초대 회장 김태길, 월간 『수필문학』(발행인 김승우) 발간을 돕는 한 편 수필문학의 정착을 돕고자 한 문학운동체.

우리 시대의 시작인가 끝인가
―2020년 호모사피엔스

    2020년이다. 공상과학소설이나 만화에서 미래 시대로 얘기했던 그 2020년이 바로 지금이다. 그 당시 상상하고 내다봤던 많은 것들이 이미 현실화하였다. 미래는 우리의 꿈이고 소망이고 목표다. 하지만 요즘 들어 두렵다는 생각이 먼저 드는 것은 왜일까. 인공지능과 이세돌의 바둑 대결을 보면서 얼마나 놀랐던가. 이러다가 인간이 인공지능의 지배를 당하는 것은 아닐까도 우려되었다.

    토비 월시의 『2062년 호모사피엔스 멸종』이라는 책을 읽었다. 2062년이면 42년 후다. 미래 시대로 얘기했던 2020년이 이렇게 다가와 버린 것처럼 2062년도 그렇게 올 것이다. 그때쯤엔 나는 이 세상에 존재하지도 않을 것이다. 미래학자와 AI 인공지능 전문가 300명이 기계가 지능을 갖는 시한을 2062년이라 보았다.

인공지능이 언제부터 스스로 생각하게 될까에 의문을 갖는 것으로 출발하여 철학적 문학적 감성적인 부분까지 기계가 사람처럼 따라 한다면 세상은 어떻게 될 것인가 심히 두려워진다.

AI가 소설을 써서 당선한 것이 몇 년 전이고 인간이 AI와 사랑에 빠진다는 영화도 있다. AI는 학습에 의해서 능력을 무한대로 증가시킬 수 있다. 게임의 법칙을 경우의 수를 학습한 것만으로 인간이 수천 년 바둑만으로 살아도 이루지 못 할 일을 며칠 만에 실현할 수 있다면 인간이 만들었으면서도 인간에게 얼마나 두렵고 불안한 상대인가. 거기에 스스로 학습 능력을 갖춘다면 인간의 지능을 뛰어넘는 것은 시간문제가 아닐까.

자율주행차 경쟁 시대에도 이미 접어들었다. 하지만 예상치 못한 상황이나 환경에서도 인간처럼 판단하고 적응력을 발휘할 수 있을까. 두 가지 이상의 상황이 동시에 일어날 때 AI는 어떻게 판단하고 어떤 것을 선택할까. 안면인식 기능을 사용하는 중국의 안전망 시스템에 대하여 개개인의 프라이버시는 어떻게 되는가. 인간이 중시하는 도덕성도 AI에게 적용이 가능할까.

올해는 여러 가지로 특별한 해인 것 같다. 윤달이 들어있어서 음력으로는 올 1년이 385일이 된다. 윤년이어서 365일이 아니라 366일이다. 2020이라는 숫자의 배열도 두 개의 바퀴가 겹으로 놓인 것처럼 안정적이다. 균형 화합 평화 공존의 올 한 해가 되었으면 싶다. 문제는 너무나도 빠르게 변화하는 속도감을 감당키가 어려울 수도 있음이다.

미래학자 토머스 프레이는 AI 시대엔 정규직은 사라지고 파트타임 '긱 이코노미'가 보편화될 것이며 AI · 센서 · 사물인터넷 · 드론 등이 융합한 새로운 유형의 플랫폼 기업이 등장할 것이라고 한다. 뿐만 아니라 암호 화폐는 금융시스템 범주 밖 사람들의 금융 수요를 충족시켜 국가 간 장벽을 넘는 사상 최초의 세계화폐가 될 것이며, 사물인터넷IoT은 사람의 건강과 체력과 사고력을 100% 이상 향상 시키거나 동 · 식물과도 소통할 수 있는 보조 장치가 개발될 것이라고 한다. 뿐인가. 3D프린팅으로 장기 등 신체 일부를 대체할 수 있고 지구와 가까운 소행성에서 경제적 가치가 있는 희귀자원을 채취하는 기술도 등장할 수 있다고 한다. 2045년이면 AI가 인간지능을 뛰어넘을 수 있고 태양광 드론이 등장하면 지구촌 통신 서비스를 한 단계 높일 수 있을 뿐 아니라 고성능 마이크로웨이브를 발사해 드론 · 로켓 · 비행기 등에도 에너지를 공급할 수 있단다. 그러니 자율주행 차를 타고 햄버거를 주문하면 실시간으로 드론이 배송까지 해 줄 수 있다는 것이다.

그런데 자꾸만 불안한 마음이 드는 것은 왜일까. 웬만하면 열 명이 넘는 형제자매가 있던 내 어린 시절엔 모든 게 다 지극히 인간적이었다. 중심은 내가 아니라 늘 '우리'였다. 해서 배려와 협력이 우선이었다. 위의 누나나 형이 아래의 동생을 돌봐주고 길러주는 게 당연한 공식이었다. 부모의 손이 미칠 수 없으니 저희끼리 자라주었다. 그러면서 나보다는 내 동생 내 오빠를 먼저 생각했다. 그런데 자녀의 수가 둘이나 하나가 되자 오직 '내 새끼'로 중심이 바뀌어버렸다. '우리'가 아닌 '내'의 이기주의가 다른 모든 것을 눌러버리고 있다. 2062년이 오기도 전에 호모사피엔스는 인간성 상실로 지레 자멸할지도 모르겠다. 그래도 2020년에 희망이 있는 것은 아직은 인간중심이 유지된다는 점이다. 인간·사람·삶 속에 서로를 사랑하고 이해하고 배려하는 존재라는 것이다.

내 아이가 예쁘면 당연 남의 아이도 예뻐야 한다. 내 아이가 귀하면 남의 아이도 귀해야 한다. 내 삶이 소중한 만큼 남의 삶도 똑같이 소중해야 한다. 그런데 나만 있고 남은 인정치 않는다면 세상은 어찌 될 것인가.

자칫 인공지능의 사람들 속에 섞여 있는 진짜 사람도 구분할 수 없게 되는 세상이 오는 것은 아닐까. 해서 더욱 지금이 이 시대가 이 해가 소중하다. 마지막 무언가를 지켜갈 수 있는 때란 생각이 들어서다. 지금만이 할 수 있는, 지금이 그때인, 그래서 지금 하지 않으면 안 될 그 무엇들을 해야 한다는 말이다. 시간이 가면 원하든 원하지 않든 할 수 없는 때가 이를 것이고 할 수도 없게 될 것이고 하지 못하게 될 것이라는 불안이다.

-월간 『건강과 생명』 2020년 1월

할애비가 시룽시룽
―세계한글작가대회 기념 내게 특별한 우리말

"하비, 하비!" 또 뭐가 필요한지 숨 가쁘게 손녀가 할아버지를 찾는다. 아들네 작은아이는 아직 할아버지란 발음을 못 한다. 녀석은 제 언니와 함께 미국에서 태어나 한국에 와서인지 말 배우기가 조금 늦는 것 같다. 알아듣기는 다 하는 것 같은데 정작 입을 떼어 말로 옮기려면 말이 되어 나오지 않는 것 같다. 그러니 듣는 나도 답답하지만 말이 되어 나오지 못하는 아이는 더 답답할 것이고 그런 아이가 얼마나 딱해 보이는지 모른다. 그런데도 "하비, 하비!" 부르는 소리는 듣기 좋고 귀엽다.

하기야 파라과이서 임신을 해 한국에 와서 낳은 딸네 큰아이도 그랬다. 그런데 어느 날 내가 장난을 치려 방안의 불을 꺼버렸더니 "안 보여!" 하질 않는가. 너무나도 놀랐다. 그 상황이 어떻게 안 보이는 상황인지를 알았단 말인가. 거기다 "무서워!"까지를 덧붙였다. 아직 말을 하지 못하던 아이가 뱉어낸 놀라운 두 마디에 나는 놀라움과 즐거움으로 바보가 다 되어 마구 웃었다. 아들네 작은아이도 그럴 것이다. 그래 조금 늦긴 하지만 걱정은 안 한다.

난 우리 아이들이 한국인이란 게 얼마나 다행인지 모르겠다. 세계의 어느 나라 말, 어느 나라 글이 우리말, 우리글처럼 다양하고 멋진 표현을 할 수 있는가. 그때 안 보여, 무서워라 했던 박하가 벌써 초등학생이다. 그 아이가 다섯 살 때인데 어느 날 제 어미가 내게 오더니 "박하는 할아버지가 먼저 좋데요." 했다. 그 '먼저'라는 말이 참으로 신선했다. 분명 표현상으론 바른 게 아닌데 내게 들려온 의미는 '더 좋은'보다 훨씬 좋다는 말로 들렸다. '먼저 좋아'란 말이 주는 느낌도 분위기도 아이의 말속에서 느껴져 아이가 더욱 사랑스러웠다. 마침 아이가 내게로 오기에 "할아버지가 먼저 좋아?" 했더니 아이는 기다렸다는 듯 "할아버지 먼저 좋아." 했다. 우리말의 표현은 분위기에 따라서 이렇게 좋은 의미로도 와 주는 것 아닌가. '더 좋은'보다 '먼저 좋아'라고 말하는 아이를 꼭 껴안아 주며 "할아버지도 박하가 먼저 좋아." 해 주었다.

한글박물관에 갔더니 '처음 보는, 처음 들은, 처음 읽는 단어'란 코너가 있었다. 거기 한 장씩 넘기며 볼 수 있게 만든 우리말

단어 카드가 걸려 있었는데 우리말의 아름다움을 다시 한번 느낄 수 있었다.

아기똥하다. 꾀송꾀송. 내롱내롱. 시룽시룽하다. 야몽야몽. 시나브로. 덩둘하다. 본숭만숭. 지싯지싯. 너나들이. 갉작갉작. 발밤발밤. 종종중중. 함초롬하다. 앙똥하다. 올가망하다. 해닥사그리하다.

그냥 읽고만 있어도 기분이 좋아지고 머리가 맑아지는 것 같았다. 그런데 그런 아름다운 말을 나는 아직 제대로 사용하지 못하고 있다. 그 뜻도 제대로 모른다. 참으로 부끄럽다. 하지만 시룽시룽하다란 말은 지금 나를 두고 하는 말인 것 같다. 사람이 실없이 까불며 자꾸 지껄이는 상태를 말하는 말인데 내가 바로 손녀들과 함께일 땐 할아버지 체면도 접고 시룽시룽할 때가 많다. 무언지 몰라도 그저 좋기만 해서다. 같이 있어서 좋고, 하는 짓이 귀여워서 좋고, 이렇게 사는 것이 행복이란 생각이 들어서 좋은 것이다. 그러니 시룽시룽하다고 해서 누가 뭐라 한들 무슨 상관이랴.

"하삐, 하삐!" 부르며 다가오는 손녀를 번쩍 들었다 안아주며 "할아버지가 뭘 해 줄까?" 넌지시 물어보니 녀석은 제 소원을 말도 하기 전에 입이 함박만 해진다. 나도 그런 손녀 앞에서 스스로 시룽시룽해진다. 그러고 보면 참으로 우리말은 그 상황에 그

분위기에 잘 맞는 말인 것 같다. 이젠 시룽시룽하다 또한 내가 좋아하는 말이 되어버린 것 같다.

-국제 펜 한국본부 『2015 세계한글작가대회 기념문집』

자랑스러운 수필(SUPIL)의 시대를 위하여

　수필은 누구나 쉽게 접근할 수 있는 문학 장르다. 해서 오히려 귀한 대접을 받기보단 늘 문학 외 장르처럼 치부되기도 하는 설움을 겪는다. 하지만 수필을 한 번이라도 써 본 사람이라면 얼마나 귀한 문학인지를 금방 알게 되고 누구나 쓸 수는 있어도 아무나 쓸 수는 없는 글이라는 것을 알게 된다.
　1970년에 윤재천 서정범 박연구 정봉구 등이 현대수필동인회를 만들고 동인지를 냈다. 물론 그보다 훨씬 전인 1963년에 부산에서『수필』이란 동인지가 나왔었지만 중앙이랄 수 있는 서울에서의 움직임이 그렇다는 것이다. 1971년에는 조경희를 중심으로 한국수필가협회가 창립되고『수필문예』라는 잡지가 4월에 창간되었다. 1972년에는 월간『수필문학』이 김승우 김효자 부부 교수 수필가에 의해 창간되었다.『수필문예』는 1975년『한국수필』

로 제호를 바꿔 재창간된다.

그때로부터 50년이 되어간다. 그동안 수필가 수는 1만 명이 넘고 수필 전문 잡지만도 월간 『한국수필』, 『한국산문』, 『수필문학』, 『수필과비평』, 『월간에세이』 등의 월간지를 비롯 격월간, 계간 등 30종이 넘는다. 한데도 여전히 수필은 '누구나 아무렇게나 쓰는 글'을 못 벗고 있다. 체계적 이론이 받침이 되고 정감이 풍부하며 문장이 아름다운 그러면서 재미도 있는 수필이어야 한다. 하지만 체험은 있으나 사고思考는 없는 자기 고백쯤으로 생각하거나 구성이나 체계가 없어도 된다는 착각과 오판의 함정에 빠져 높은 문학성을 추구하거나 수필의 지평을 넓히지 못하고 있다.

언제까지 수필이 이래야 되는가. 21세기는 수필의 시대라고들 하면서도 정작 수필은 왜 내 문학의 울타리 안에서조차 자랑스럽지 못하고 겉돌기만 하는가. 무언가 이해에 충돌이 있는 건 아닐까.

수필은 우리 고유의 정서를 지닌 문학 장르다. 한국이라는 사회와 문화의 현실에서 출발하여 성장한 문학이다. 일본의 하이쿠는 세계 어디서도 하이쿠다. 그걸 다른 말로 번역하지 않는다. 최근 우리 시조를 하이쿠처럼 한국 고유의 문학 장르로 세계화하는 움직임이 크게 일고 있다. 한 줄짜리 하이쿠로는 충족할 수 없는 문학세계를 초중종 3장의 우리 단시조가 넉히 그 부족한 부분을 채워 줄 수 있고 무엇보다 우리 고유의 운율과 정서의 정형시인 시조SIJO로 세계화가 가능하다고 본다. 서구의 유명한 시인들이 하이쿠 시집을 내는 것처럼 시조집도 낼 수 있다는 말이다.

수필은 무엇인가. 결코 '에세이'로 번역될 수 있는 문학 장르가 아니다. 하이쿠나 시조처럼 수필 또한 '隨筆ESSAY'이 아니라 '수필SUPIL'일 수 있어야 한다. '한국적인 정서와 감정을 형식에 얽매이지 않고 자유롭게 쓴 우리 고유의 문학 장르'로 확실하게 세울 수는 없을까. 에세이로 표현되는 서구적 사상, 철학, 감성이 지금 우리가 수필이라고 쓰고 있는 동양적 사상, 철학, 감성과는 애당초 같지 않음을 우린 알고 있다. 그러면서도 우리는 그들의 이름, 그들의 옷에 우리를 억지로 맞춰 왔고 맞추고 있다. 사전에서 수필을 찾으면 "일상생활 속에서 얻은 생각과 느낌을 형식에 얽매이지 않고 자유롭게 쓴 글"이나 "일정한 형식을 따르지 않고 인생이나 자연 또는 일상생활에서의 느낌이나 체험을 생각나는 대로 쓴 산문 형식의 글"쯤으로 나온다. 어쩌면 이런 정의나 개념부터 바꾸는 게 순서일 것 같다. 우리만의 독특한 정서와 사상 그리고 철학을 담는 그릇으로서의 수필이 필요하단 말이다. 그래서 수필이 우리 고유한 정서를 담는 순수한 문학 장르로 우리 문학으로의 수필이란 기旗를 확실히 꽂아야 한다. 근래 들어 철학 수필을 활성화하는 모임도 나오고 수필의 지경을 넓히기 위한 다양한 모색과 노력으로 여러 형태의 수필 쓰기도 시도되고 있다. 하지만 무엇보다 수필을 쓰는 수필가들이 수필에 대한 더욱 뜨거운 애정과 사명감으로 수필을 수필답게 만드는 것이 먼저일 것 같다. 목숨을 건 수필 쓰기가 필요할 때다. 중앙일간지의 신춘문예 공모에서도 빠져버린 수필, 베스트셀러의 앞부분을 대부분 차지하고 있으나 정작 수필가가 아닌 타 장르의 작가들이 여기餘記로 쓴 것들이 수필이란 이름으로 독자에게 다가가고 있는 현실에서 우린 어떤 반성과 각오를 해야 하며 어떤 결단을 해야 할 것인가. 시보다 아름다운 문장, 소설보다 재미있는 내용의 수필들이 21세기 수필의 시대 주역으로 찬란히 등극할 수는 없을까.

수필의 시대, 우리가 찾아야 할 우리 문학의 땅이고 경계다. 우리가 점령해야 할 문학의 고지이고 우리가 닦고 가꿔야 할 우리의 터 아닌가. 이제 우리 스스로 자격지심에 빠지거나 자의이건 타의이건 폄훼하는 일이 생기지 않도록 해야 한다. 깊고 넓은 사색, 사고, 사유의 좋은 수필로 수필가들이 보다 당당하게 문단을 지키고 한국 문단 내지 세계 문단에 좋은 작품으로 영향력을 행사할 수 있도록 공부도 게을리하지 않아야 한다. 침잠해 있는 우리의 인식 그리고 고정관념을 바꾸고 새로운 시각으로 작품을 형상화하는 노력의 전략적이고 계획적인 글쓰기의 수필로 가치를 높여야 한다. 나만의 독특한 시각이 참신한 낯설기가 되게 하고 고유한 우리의 정서가 세계적이도록 하는 공감의 폭을 확보하여 우리의 수필만이 가질 수 있는 맛과 멋이 드러나게 해야 한다. 그리하여 자랑스러운 우리 수필의 시대를 열어야 한다. 진정한 21세기 수필의 시대를 수필가 한 사람 한 사람이 제각기 주인공이라는 새로운 각오로 힘차게 열었으면 싶다.

—월간 『한국산문』 2019년 12월호

여적(餘滴)

고요 그 후의 울림과 떨림

주저하다 머뭇거리다 미루다 또 수필집을 묶는다. 묶는다는 의미엔 가닥을 잡아 정리한다는 나름의 뜻도 있지만 종심從心을 넘겨버린 황망함이 쫓기듯 나를 바라본 놀라움이라고나 해야 할까.

작품을 만들고 쓴다기보다 청탁에 쫓겨 숙제를 해야 하는 그것도 겨우겨우 마감 시간에 맞춰 보낸 글들이다. 그러나 그게 내 모습이고 내 능력이고 내 한계인 것을 이렇게 고백하고 만다.

하루에도 몇 권씩 보내져 오는 작품집들을 받으며 얼마나 힘 들었을까 생각을 하면 문학의 세계가 꼭 보람이고 기쁨은 아닐 거란 생각이 들지만 그걸 숙명처럼 가슴에 안으며 사막을 가는 낙타처럼 한 편 한 편을 이뤄냈을 것을 생각하면 존경의 마음이 아니 일어날 수 없다. 하지만 내 경우는 40여 년의 문력이 보여 줄 만한 힘이 아직도 부족하여 이번 스무 번째의 책 역시 '그렇고 그런 삶의 이야기'일 수밖에 없음을 이실직고한다. 하지만 그래도 작으나 소중하기만 한 내 삶과 문학의 이야기다.

2022년을 보내는 12월에.

고요, 그 후
아직 남은 그리움을 위하여

최원현 수필집